爸爸的高度
决定孩子的起点

编 著　史文雅

成都地图出版社

图书在版编目(CIP)数据

爸爸的高度,决定孩子的起点 / 史文雅编著. — 成都：成都地图出版社有限公司,2021.1(2023.10 重印)
ISBN 978-7-5557-1635-8

Ⅰ.①爸… Ⅱ.①史… Ⅲ.①家庭教育 Ⅳ.①G78

中国版本图书馆 CIP 数据核字(2020)第 271691 号

爸爸的高度,决定孩子的起点
BABA DE GAODU,JUEDING HAIZI DE QIDIAN

编　　著：史文雅
责任编辑：吴朝香
封面设计：松　雪
出版发行：成都地图出版社有限公司
地　　址：成都市龙泉驿区建设路 2 号
邮政编码：610100
电　　话：028-84884648　 028-84884826(营销部)
传　　真：028-84884820
印　　刷：三河市众誉天成印务有限公司
开　　本：880mm×1270mm　1/32
印　　张：6
字　　数：136 千字
版　　次：2021 年 1 月第 1 版
印　　次：2023 年 10 月第 6 次印刷
定　　价：36.00 元
书　　号：ISBN 978-7-5557-1635-8

当好爸爸，是一个男人最艰巨的任务和最甜蜜的责任。因为，当一个合格的好爸爸并不是一件轻而易举的事情。

随着生活节奏的日益加快，人们变得越来越忙碌。尤其作为家庭的主要支柱，爸爸们更是忙碌，他们忙于工作、忙于奔波、忙于应酬……其实，对于爸爸们来说，事业固然重要，但是更重要的是对孩子的教育。然而，很多爸爸却没有意识到这一点。

在孩子丰富而单纯的感情世界里，爸爸就像广阔的天、高大的树、不倒的山，他们希望爸爸精神抖擞地到学校去接他们，带着他们从其他小朋友的身边走过；他们渴望得到爸爸一个微笑、一句鼓励、一个亲吻；他们盼望爸爸在节假日可以领着他们逛公园、玩游戏……可是，现实中许多爸爸总是让孩子感觉不到他们对自己的爱，孩子见了父亲如同见了陌生人。

大量资料表明，目前家庭教育普遍存在一个非常严重的问题：父爱教育的缺失。在这种情况下，爸爸在家庭教育中的作用逐渐淡化，孩子也就会逐渐远离爸爸，更为亲近妈妈。但心理学家调查发现，没有得到足够父爱的孩子情感障碍会非常突出，普遍出现孤独、焦虑、任性、多动、依赖、自尊心低下、自制力弱、攻击性强等行为缺陷。

所以，当一个男人成为爸爸时，一定努力扮演好自己的角色，承担起相应的责任。千万不要因为种种原因让孩子缺失父爱，那样对孩子是不公平的。儿童心理学家认为，孩子在孕育、出生和成长的每个环节，都需要父亲参与，和他们做游戏、交谈等，这有利于开发孩子的智力。也只有这样，家庭才是完整的、平衡的、稳固的、幸福的。

本书总结了很多"父亲教育"研究的体会和成功教子的经验，将崭新的"父亲教育理念"与现代教育理论有效融合，文字深入浅出，事例生动活泼，具有很强的实用性和可操作性。

蒙田说过："教育和抚养孩子是人类最重要的学问。"为了培养出好孩子，首先我们必须做个好爸爸。那么，怎样才算一个好爸爸呢？事实证明，好爸爸和钱、权、物没有关系，一个能够给予孩子乐观、自信、希望的爸爸就会是一个好爸爸。当然，好爸爸也没有统一标准。但是，在孩子需要你的时候，你能够帮助他；在孩子失落的时候，你能够鼓励他；在孩子犯错误的时候，你能够和他耐心地沟通；在孩子迷茫的时候，你能够引导他、帮助他；在孩子做出成绩的时候，你能够赞赏他、认可他；在孩子获得成功的时候，你能够与他分享……这样就是一个好爸爸。

大量事实证明，一个合格的爸爸胜过一百个优秀的老师。愿天下所有的爸爸和妈妈共同为孩子营造一个健康的生活环境。

2020 年 11 月

目录
contents

1

第六章 ｜ **高情商：好爸爸能让孩子拥有好性情**

第一章

有爱才是"山"：

好爸爸给孩子爱的教育

做个让孩子信赖的父亲

要成为好爸爸，应学会信赖孩子。但是要做到这一点并不容易，甚至在孩子已经长大成人以后，父母还是没有办法摆脱这种不信赖感。更严重的是，如果父母对孩子已经形成了偏见，就很难再改变。他们习惯用同样的话语抱怨孩子，从同样的角度去看孩子，这是孩子的不幸，也是家长的不幸。因为爸爸并没有学会摆脱偏见，更不会不断地给予孩子信赖，即使这是孩子前进和改变的动力。于是孩子就会以为自己真的是他人所认为的那种类型，更不求改变了。

有很多家长说，他们非常想和孩子做朋友，想和孩子进行心与心的交流，但孩子却有话不和家长说，这让家长更难了解孩子。孩子有了隐私，许多做父母的总是千方百计地去"侦查"，如翻抽屉看日记、拆信件，甚至打骂训斥。殊不知这种做法会伤害孩子的自尊心，造成孩子沉重的心理负担，甚至让孩子产生敌意和反抗情绪，采取全方位的信息封锁和防备措施，最终导致与孩子的关系恶化，得不到孩子的信赖。

尊重孩子的隐私，也就是尊重孩子的人格，给他们自由的空间，但并非放任自流。对孩子的隐私要给予充分的关注和积极的引导，这是最理智的做法。

首先，主动以平等的态度与孩子交谈。父母可以多谈一谈父母在与孩子同龄时自己的一些所思所想、成功和失败的经历，甚至谈一些当初的隐私，谈自己对事物的看法和想法，倾听和征求孩子的意见和建议，使自己成为孩子可以信赖的朋友。一段时间以后，孩子会愿意把自己心中的秘密告诉父母，这样父母就能了解和掌握孩子的隐私，给予必要的指点和教育。

其次，要培养孩子的自我教育能力。有关孩子隐私的信息里，即使有些越轨和不良因素，父母也不必大惊失色，更不能殴打辱骂孩子，可以与孩子一起讨论理想、事业、道德、人生观、价值观等问题，引导孩子自己悟出为人处世的真理。孩子拥有了这种自我教育能力后，面对一些隐私中的危险倾向，便可以自己解决。

在家庭教育中，不少家长有这样的困惑：自己比较注意教育方法，与孩子的关系也算亲密，但常常弄不懂，为什么孩子对老师的话都奉为"圣旨"，而对父母的要求却往往当作耳旁风，甚至充耳不闻呢？父母是孩子的第一位老师，保持父母在孩子心中的尊严和威信是很重要的，但是许多父母却对这一点存在错误的认识。

1. 信守承诺

对孩子做出承诺后，要及时兑现。如果因为某种原因对孩子失信了，应该及时向孩子解释说明，不能敷衍了事，要和孩子一起商量弥补的办法。

2．有事业心

要告诉孩子你工作的重要性。不管你从事怎样的职业，你都应该为之自豪。有些爸爸没有职业，也应该努力参与社会性活动，一个与世隔绝的爸爸很难持久地获得孩子的尊敬。

3．有宽容心

宽容孩子的错误，并不是指对孩子的错误放任不管，而是指孩子犯了错误后，应允许他有一个认识、反省自身的时间和机会。

4．重视生活细节

孩子对父母的信服源于父母在日常生活中的一言一行，源于一些你自己可能都没意识到的习惯。如有主见——做决定的果断性，有勇气——敢于出来说话，冷静——控制自己的情绪，乐观——避免唠叨和抱怨等。

5．善于妥协

向孩子妥协并不会降低爸爸的威信，相反，如果在一定的条件下向孩子妥协，孩子会感觉到爸爸可亲可敬。但是在妥协前，要让孩子清楚地说出自己的要求以及理由，并和孩子讨论要求的合理性。如果向孩子做出一定让步，孩子必须承担某种责任。当孩子把理由说得很清楚并做出承诺，爸爸可以满足孩子的愿望，但一定要让孩子承担相应的责任。

其实孩子是喜欢沟通也需要沟通的，关键是爸爸应当努力成为孩子最值得信赖的朋友。如果孩子把心里话告诉你之后，得到的不是真诚理解和有效指点，而是"授人以柄"的尴尬与被动，下次他还怎么信任你呢？与孩子无法进行"亲子互动"式的沟通，父母的"主动"得不到孩子的积极响应，多半是家长方面的原因，比如时机不对、场合不宜、态度不好、方法不当等。

亲子互动的前提是深厚的感情基础，亲子关系的最佳状态是"心有灵犀"。如果父母要取得亲子互动的最佳效果，并终身保持良好的亲子关系，一定要在这些根本问题上下功夫。

亲子互动的基本条件是要有"亲子共享时间"，也就是大人和孩子都要"挤"出一定的时间来"共同享用"。为什么要用"挤"这个字呢？因为如今的大人和孩子，尤其是大人们，常常是各忙各的，不懂得家人在一起"共享时间"的重要性。

除此之外，做爸爸的总是喜欢在孩子面前端着架子，一脸严肃，一本正经，动不动就呵斥一番，教训一顿，令孩子敬而远之。原以为这样才有威信，其实是大错特错。放下架子，平等交流，给予孩子必要的尊重和理解，才能赢得孩子的信赖。

让父爱的阳光洒在孩子身上

陈瑞三岁多，是个感情丰富的小男孩，他最亲近的人是妈妈。每天只要见到妈妈，他就连蹦带跳地扑上去。他会主动给妈妈讲述自己今天干了些什么，而见到爸爸回来，他却连招呼都不愿意打。

爸爸是银行的中层干部，几乎每天都要加班或应酬，所以很晚才回家。而他本身言语不多，工作压力也很大，很少和孩子交流。同时爸爸从来不和孩子"疯闹"，显得很正统，不苟言笑。爸爸中年得子，其实很疼爱儿子，但就是不会表达对孩子的爱。

每天爸爸只要看一眼儿子就知足了，但是儿子看到冷冰冰的爸爸，却丝毫喜欢不起来。妈妈看着这对父子的关系，也打心眼儿里着急。

也许每一位爸爸都会说，自己是非常爱孩子的。可是也会有许多孩子说，爸爸一点儿也不爱我。原因就在于，爸爸没有主动把自己对孩子的爱表达出来。

在对爱的理解上，孩子和爸爸会有差异。爸爸觉得管教是爱的体现，方式、方法并不重要，只要孩子能够按照自己的预想去做事，就心满意足了。而孩子年纪小，无法理解爸爸管教的苦心，他们更在乎言语表达出来的爱。

爸爸不会表达对孩子的爱，容易让孩子产生误解——觉得爸爸高高在上不能亲近，认为自己难以得到爸爸的爱。孩子对爸爸产生误解后，也容易对爸爸的管教产生逆反心理。这样会使亲子关系恶化，也会导致孩子听不进爸爸的管教。

最忌讳的是爸爸用沉默来表达自己对孩子的爱。想成为孩子心目中的好爸爸，语言沟通是必不可少的，爸爸如能像妈妈一样和孩子"絮絮叨叨"，反倒会博得孩子的青睐。

爸爸主动表达出对孩子的爱，能够让孩子体会到父爱的温暖。温暖的父爱能让孩子变得更勇敢、聪明、自信，个人能力也会提高。父爱是孩子健康成长的最佳营养品。但如果父亲不主动表达，孩子就体会不到父爱，也无法从中受益。

1. 留出时间，每天陪孩子 15 分钟

爸爸想要表达自己的爱，就要多和孩子相处。爸爸每天至少要留出 15 分钟的时间陪孩子。在这段时间里，多和孩子说说话，陪他们玩游戏。

爸爸在陪伴孩子的过程中，要会表达自己的期望和爱，主动、有效地传递爱的信息。如果无法准确传递出对孩子的爱，就无法得到良好的教育效果。

2. 告诉孩子"我爱你"

语言表达比行动更感性，能让孩子更清楚爸爸的意思。若爸爸用沉默来表达自己的爱，年幼的孩子是无法体会的。用语言传达爱意，能更好地收获孩子爱的回馈。孩子更喜欢直接、清楚表达出来的爱意。

陈因的爸爸对她很严肃，她常感到父亲和自己太疏远。有一次上街，她看到一个孩子和爸爸手拉手，高兴得又蹦又跳。她想到了自己的爸爸，她很希望爸爸也能和自己这样亲近。

一次，她病了，妈妈不在家。爸爸怕她一个人闷，就主动过来和她聊天。那天，她可高兴了。她第一次发现，其实爸爸也很亲切，很有趣。从那以后，陈因也会主动和爸爸谈自己的事，父女的关系也越来越好了。

爸爸的情感更含蓄，爸爸们会不好意思把"爱"说出来。其实，爸爸说出对孩子的"爱"，不仅不会被人笑话，也不会丧失尊严，相反会赢得孩子更多的爱。

3. 不要总是拒绝孩子

爸爸一次次地拒绝孩子的要求，容易给孩子留下冷漠、残酷、不可理喻的印象。

黄鲛的爸爸脾气很暴躁，每次有要求，黄鲛都不敢去跟爸爸提，只会和妈妈说。黄鲛上一年级时，想买个乐高玩具，爸爸一口就回绝了。他为了此事，生了爸爸一个星期的气。

爸爸若无法用正确的方式、方法传递对孩子的关爱，只会引起孩子的反感和逆反。很多时候，爸爸即使是对的，可在孩子眼里也是错的。爸爸不要总是拒绝孩子，试着了解孩子的渴望和诉求，用理性的眼光做出判断。

4.关心孩子的行踪

关心孩子的行踪，让孩子知道爸爸随时惦记着他，这也是爸爸对孩子深切关爱的一种表达。

陈东每次出门，爸爸都会关切地问一句："你要到哪里去啊？"他告知爸爸后，爸爸还会嘱咐上一句："路上要小心啊。"

陈东回家后，爸爸也总会问他事情办得怎么样。爸爸这样问了十年，现在陈东16岁了，他很爱爸爸，觉得爸爸非常在乎他。陈东父子能够友好相处的秘诀就在于，爸爸关心孩子的行踪。

小细节能够体现大感情，爸爸对孩子的关爱，在这些小细节上能够有效地传递。爸爸想关心孩子，可以多关心他们的行踪，这会让孩子感觉爸爸是时刻牵挂着自己的。这份温暖，就能够很好地维系父子间的感情。

爸爸要做自己孩子的偶像

说起偶像，人们很快会想到屏幕前那神采奕奕的影视明星、歌星。其实对于孩子们而言，家长就是他们的偶像，他们人生的第一位偶像都是自己的爸爸或妈妈。

所以，无论你是豪放还是细致，作为爸爸，你都是孩子心目中的第一个偶像。而偶像的作用向来是与带领、引导有关的，当孩子已经开始像模像样地模仿你的一些举动的时候，作为偶像，你该怎么做？

从前，有一个宰相夫人非常重视儿子的教育，她每天不辞辛劳地劝告儿子要努力读书，要有礼貌，要讲信用，要忠于君王等等。而宰相却是早上就离开家去上朝，晚上回来就看书。爱儿心切的夫人终于忍不住说："你别只管你的公事和看书本，也该好好地管教你的儿子啊。"宰相眼不离书地说："我时时刻刻都在教育儿子啊。"原来，这位宰相父亲说的是身教，他是要给孩子做出榜样，成为孩子的偶像。

爸爸是孩子最亲近最敬重的人，爸爸对孩子的影响是巨大的，所以当你成为父亲，就要用行动、用心做孩子一生的领路人……

这个故事告诉我们，潜移默化的家庭教育及影响，将会直接关系到子女的道德品质、法纪观念、人生观等的形成。

这样的场景，或许你也见过：

公共汽车上，中年男子一边悠闲地抽着烟，一边饶有兴趣地给孩子讲故事。同座的女士不停地用手驱散弥漫过来的青烟，中年男子视若无睹。女士忍不住了，很有礼貌地劝同座把烟灭掉，中年男子却说："我抽自己的烟，与你何干？"

他的儿子也附和："与你何干？"听到这里，中年男子得意地摸摸儿子的小脑袋，却不料招来众人指责："你就这样给自己的孩子做榜样吗？"

"榜样"一词，自然是褒义词，既然家长想成为孩子的榜样，那就要以身作则，尤其是在孩子面前。天下没有哪个父母不想成为孩子的偶像和榜样的，那到底应该怎么做呢？

1. 注意"耳濡目染"

总有一些这样的家长：告诉孩子要好好读书，自己却在麻将桌上酣战；教育子女要孝敬长辈，自己却对父母不闻不问。如此等等，比比皆是。世故与城府延伸到了几岁的娃娃，是不是让人感到悲凉？其实，孩子所学的这一套，正是从家长们那儿学来的。

也许家长们从不会公开、正面地对孩子进行这样的教育，但是他们的言行举止却在潜移默化地影响着孩子们。家长自己的行为其实是在告诉子女应该成为怎样的人，家长就是孩子成长的活教材。

爸爸与孩子朝夕相处，是孩子的抚养者和监护者。很显然，爸爸的言谈举止对孩子有着直接的影响。爸爸行为不良，举止不雅，行为粗鲁，常讲脏话，不务正业，违法乱纪，就给孩子直接树立了坏榜样。

当你的朋友想投资某个领域，但由于资金不足，找到你求助时，他说："我一定可以的，能做好的，你帮帮我吧！"你一句："我相信你。"给了他莫大的信任和支持。在一旁的孩子会意，于是当他的朋友有困难时，他会陪在其身边，对朋友说："我相信你，你会攻克难关的。"这是你教给他的信任。

孩子最早的学习是从模仿开始的。他们从小就会将看到、听到、感觉到的东西记在正在发育的大脑里，并在以后的生活中不知不觉地加以效仿，爸爸的每句话、每个举动、每个眼神，甚至看不见的精神世界，都会给孩子潜移默化的影响。

在孩子面前，爸爸要以身作则，比如见面打招呼、分手道再见等。平时在家里，家人之间也要注意使用文明语言，如"谢谢""对不起""没关系"等等。

在他人面前，要把孩子当作一名成年人来平等对待，介绍给对方，比如："这位是某某阿姨，她是爸爸的同事；这位是我的儿子某某。"这样既能让他人尊重孩子、平等地对待孩子，也能帮助孩子熟悉、接纳对方，有助于孩子放松下来，自然地表达礼貌。

这就是从小对孩子耳濡目染的重要性，如果你想要自己的孩子成龙，也请从自己做起，与孩子一起成长。

2. 教会孩子明辨是非

《成长的烦恼》里面有一个片段：

三岁的本不小心撞到桌角上后跌倒了，他痛得大哭起来，并用脚去踹桌子。他的爸爸杰森只是在一边默默地注视着本，既没有上去抱他、抚摸他，也没有言语的安慰。本哭了一会儿厌倦了，不再哭泣，杰森这才把他搂在怀里问："还疼吗？"

本说："不疼了。"

"那你走几步给我看看。"本走了几步又跳了几下。

"你再动动胳膊。"杰森又说。

本转转胳膊，看上去一切都还好，这下杰森发话了："本，你看，你是个人，有手有脚，能走能跑，而桌子根本不会动，明明是你撞到了它，它有什么错，你要踹它呢？你说是吗？"

本说："是。"

于是杰森责令本向桌子道歉，为他刚才发脾气踹桌子的行为道歉，本接受了爸爸的批评并向桌子道了歉。

举这个例子是为了说明，孩子还没到足以分辨是非、对错的阶段，爸爸此时起着关键作用。教会孩子如何做人是父母的责任，尤其对爸爸而言，肩膀的担子更要沉一些。做人是生命之本，教育好了，孩子才懂得孝敬父母，懂得好好学习，回报社会。

孩子之间的纠纷有很多确实不需要大人的参与，比如你推我揉，这对于成人而言是打架斗殴，对于孩子而言却是游戏，孩子很难控制自己的行为尺度，他们要在类似的游戏中学习，这的确不需要大人在一边指指点点。

爸爸是孩子的第一位偶像，要做好这个偶像首要的条件是富有正义感，教育孩子不要用暴力解决一切，不能蛮不讲理，也不要屈从于强力，始终坚持自己的是非观与道义感，这才是为父之道。

偶像和榜样是靠行为做出来的，而不是靠言语说出来的。家庭是孩子成长的摇篮，而爸爸就是孩子的偶像和榜样。

父亲更应该学会道歉

教育孩子无小事，哪怕一个不起眼的道歉也很重要。作为一名父亲，你应该学会向孩子诚心诚意地说出"对不起"这三个字。父亲是家庭的权威，当你做错了事情时，只有主动承认错误，并向孩子道歉，才不至于降低你在孩子面前的威信，不至于破坏你在孩子心目中的形象。而且孩子会因此更加尊重你，更加亲近你，更加信服你。

一个周日，唐先生骑着自行车带女儿去逛公园，过一个红绿灯时，恰巧是红灯，但是唐先生看行人和车辆都很稀少，就直接骑了过去。

"爸爸，红灯亮了要停下来，等绿灯亮了才可以走。"坐在后面的女儿纠正道。唐先生有点儿尴尬，就随口答道："对面没有车，没事的。"

"不对，看见红灯就要停下来，绿灯时才能过去，这是我们老师早就告诉我们的……"女儿坚持着。

唐先生没有理会女儿，继续往前骑，可是女儿的话还在耳边不停地回荡。身为父亲，作为孩子的第一任老师，唐先生感到有些惭愧。

到了下一个十字路口时，红灯亮了，唐先生下了车，转过身对女儿说："在幼儿园里，不管老师在不在，你都很听话是不是？"女儿点点头。

唐先生摸摸女儿的头说："你是听话的好孩子，刚才爸爸没有遵守交通规则，闯了红灯，是爸爸错了，今后爸爸一定改。"

当孩子指出你的错误，而你积极承认错误时，实际上是赏识和尊重孩子，这样不仅可以让孩子学会做人的原则，而且能让孩子对父母产生由衷的敬意，家长的威信才会真正树立起来，亲子关系也会进一步融洽。当你发现自己错怪了孩子时，唯有真诚的道歉能够减轻对孩子心灵的伤害。学会向孩子真诚地道歉，让孩子更好地成长！

就道歉而言，有以下几种方法：

1. 走出误区，认识向孩子道歉的重要性

没有人敢保证自己永远是对的。但是，很多爸爸错怪了孩子之后，没有勇气向孩子道歉，因为他们认为爸爸给孩子道歉有损家长的威信。其实，这是一种认识上的误区。爸爸向孩子道歉可以对孩子起到言传身教的作用，也有益于提高父亲的权威。如果爸爸们以一种谦卑、平等、平和的态度来对待自己的孩子，孩子在以后的生活中也会学到这种好的品质。

2. 孩子的年龄不同，父母向其道歉的方法不同

如果孩子年龄较小，爸爸给孩子道歉的时候就没有必要讲太多深奥的道理，只要用一些行动，例如手势、表情、做法等，能让孩子很自然地知道爸爸是在向他道歉，并不需要说太多的话。如果孩子年龄较大，爸爸向他道歉的时候，应该讲明犯错的原因，以及犯错后的心理感受，让孩子知道爸爸因为错怪了他而难过，这样便于孩子原谅爸爸。

3. 道歉的时候态度很重要

向孩子道歉不是一个生硬的形式，爸爸的态度是孩子非常在意的。如果爸爸轻描淡写地给孩子道歉，显得诚意不够，孩子会认为爸爸并不是非常愿意向自己道歉，这样他就可能不会轻易原谅爸爸。那么道歉就没有起到作用，反而会加深误解。因此，爸爸应用真诚的态度来道歉，不必考虑面子或身份，因为每个人都有犯错的时候，此时道歉才是最有面子的事情。

给孩子道歉时，要做到主旨明确，不要闪烁其词；态度要真诚，不要嬉皮笑脸。否则会让孩子感觉你的道歉不是出于真心，让孩子怀疑你的诚意。比如，爸爸不小心把女儿撞倒了，这时候，爸爸与其说"我不是故意的"，倒不如真诚地对她说："对不起，女儿，我撞伤了你。"这种大大方方的道歉比辩解更能够得到女儿的尊重。

4. 就事论事，不要借题发挥

有的父亲做错了事情之后，向孩子道歉时往往自我批评很少，借题发挥居多，甚至还是以批评孩子告终。这给孩子的感觉就是爸爸不是在道歉，而是在变相批评、教育他。那么，这种道歉是无效的，结果可能因为一件小事，给孩子的心理留下阴影，给孩子造成消极影响。孩子可能会想：爸爸明明做错了却不承认错误，那以后我也不承认错误。于是，孩子可能变得爱撒谎，不守规则，不听父亲的教导。所以，爸爸向孩子道歉的时候应该就事论事，不要借题发挥。

做个把自己当成孩子的爸爸

美国人李文斯登·劳奈德写过一篇题为《不体贴的爸爸》的短文，曾感动了成千上万的美国人。全美国几乎各大杂志和报纸都转载过这篇文章。人们纷纷在学校、在教堂、在演讲台上朗读这篇文章。它还在无数的广播、电视节目中被引用和传诵。

这篇文章写道：

听着，我儿，在你睡着的时候我要说一些话。你躺在床上，小手掌枕在你面颊之下，金黄色的鬈发湿湿地贴在你微汗的前额上。我刚刚悄悄地一个人走进你的房间。几分钟之前我在书房里看报纸的时候，一阵懊悔的浪潮淹没了我，使我喘不过气来。带着愧疚的心，我来到你的床边。我想到了太多的事情，我儿，我对你太凶了。在你穿衣服上学的时候我责骂你，因为你只用毛巾在脸上抹了一下。你没有擦干净你的鞋子，我又对你大发脾气。你把你的东西丢在地板上，我又对你大声怒吼。在吃早饭的时候，我又找到了你的错处：你把东西泼在桌子上；你吃东西狼吞虎咽；你把手肘放在桌子上；你在面包上涂的牛油太厚。到了晚上，一切又重新开始。我在路上就看到你跪在地上玩弹珠，你的长袜子上破了好几个洞，我在你朋友面前押着你回家，使你受到羞辱……

我儿，此刻一阵强烈的恐惧涌上了我的心头，习惯真是害我不浅。吹毛求疵成了我的坏习惯，这不是我不爱你，而是对你期望太高了，我以我自己年龄的尺度来衡量你，而你的本性中却有着那么多真善美。你的小小的心犹如包含并照亮群山的晨曦——你跑进来亲吻我，并向我道晚安的自发性冲动显示了今天晚上其他一切都显得不重要了。我儿，我在黑暗中来到你的床边，跪在这儿，心里充满着愧疚。

这只是个没有太大效用的赎罪。我知道如果在你醒着的时候告诉你这一切，你也不会明白，但是从明天起，我要做一名好爸爸，我要把自己当成孩子，做你的好朋友，你受苦难的时候我也受苦难，你欢笑的时候我也欢笑，我会把不耐烦的话忍住，我会像在一个典礼中一样不停地庄严地说："他只是一个男孩，一个小男孩！"

我想我以前是把你当作一名大人来看，但是我儿，我现在看你，蜷缩着疲倦地睡在小床上，我看到你仍然是一名婴孩，你在你母亲怀里，头靠在双肩上，还只是昨天的事……

看了这篇文章，同样作为爸爸的你感想如何呢？你不觉得站在大人的角度想问题太多，而从孩子的角度又想得太少了吗？实际上，设身处地想一想，如果你是孩子，面对那么多成人的要求、成人的标准，同时做那么多的事情，你会做得到吗？

家具坏了，可以重新修理好；东西废了，可以花钱再置办。唯独孩子的内心受到伤害后是难以补救的。一个人在儿时心灵上所受的影响，关乎其一辈子性格的形成与成长，乃至命运的走向。因为孩子一点儿小小的不是，就没完没了地责问谩骂甚至大打出手，实在是一件愚不可及的事情。过多的挫折感有可能把孩子正在蓬勃生长着的想象力、创造力扼杀在萌芽里、摇篮中。

爸爸与子女怎样心灵相通、情感交融，怎样形成良好的家庭氛围能有利于子女成长？它有赖于爸爸教育思想的端正，教育方法的得当，教育条件的适合。这中间，有一点是少不了的，那就是爸爸要把自己也当成孩子。

1. 要有一颗不泯的童心

有一位画家说："我为孩子们画画，画故事连环画，画童话插图，就得像孩子那么想，那么看，于是嘛，也就有一颗童心啦！"如果爸爸们也能像孩子那么想，那么看，那么做，把自己当成孩子，站在孩子的角度去看世界，不是也会拥有一颗不泯的童心吗？

正如鲁迅先生所说："孩子的世界与成人截然不同，倘不先行理解，一味蛮做，便大碍于孩子的发达。"为了"先行理解"孩子，爸爸就要走进孩子的世界，把自己也当作孩子，同他们一起游戏，同他们一起编织生活的花环，同他们一起描绘斑斓的未来，用童心这把钥匙，打开孩子心灵的那扇门。

2. 没有理解就没有有效的教育

不理解孩子，爸爸的教育就会脱离了孩子的实际，强人所难，甚至把孩子当成执行自己意志的工具。相反，站到孩子的立场上以孩子的目光看待自己的要求，支持孩子的正当要求，与孩子同喜、同忧、同乐，心灵相通，情感交融，这样才能爱得准，爱得深。当然，理解不是目的，而是教育的起点。理解代替不了教育，但没有理解往往也很难教育。有些孩子和爸爸情绪对立，往往是爸爸不理解孩子，简单粗暴地教育孩子造成的。理解就是为了避免这样的现象，变简单粗暴为耐心诱导，变单纯禁堵为积极疏导。

不理解孩子，就不会取得好的教育效果。比如，下雪天孩子想和小朋友们去打雪仗，可是爸爸怕孩子着凉，把他关在屋子里。孩子苦苦哀求："爸爸，让我玩一会儿吧，玩一会儿就回来。"爸爸却说："外面天气冷，当心着凉。他们比你大，会欺负你的。你有这么多玩具，在家自己玩！"孩子哭了，这小天地怎么能与在外面和小伙伴们打雪仗相比呢？有的孩子非要用自己的电动玩具去换其他小朋友手中的泥人，有的孩子养个小蝌蚪会倾注全部心血……这些在大人看来简直是不可思议的事情，可对孩子来说却很重要。

虽然孩子还小，但他也有自己的思想，也是一个独立的个体。大人不能为了完成自己的愿望而要求孩子，让他干自己不愿干的事，应学会平等地对待孩子。每个人都有自己美妙的童年，可人们一旦做了父母，往往就把自己的童年给忘了，一味地以成人的标准要求孩子。如果家长能经常回忆自己的童年，将心比心，遇到问题替孩子设身处地想一想，就容易理解孩子的心情，教育孩子的方法自然也会改变。

比如孩子正跳皮筋跳得来劲，爸爸非得让孩子马上回家，孩子的嘴就会噘得老高。为什么？因为她刚跳完，应该给别人抻皮筋了，这时候走开，别的小朋友就会对她不满。假如好不容易等到该她跳了，而家长这时候把她叫回家，她心里也会不满。如果做爸爸的理解孩子的这种心情，说再玩几分钟就回家，孩子有了思想准备，"告一段落"后自觉不玩，心里就不会产生这些不平衡了。

有些爸爸常常感到教育效果不理想，甚至与孩子的关系闹得很紧张，这多半是因为自己对孩子缺乏了解，没有做孩子的朋友及自身缺乏童心，其中最重要的便是缺乏童心。爸爸常用成人的眼光去看孩子，用成人的想法去要求孩子，用自己的标准去衡量孩子，总想让孩子"规规矩矩"，把孩子变成"小大人"，这种脱离年龄特点的教育很容易造成两代人的隔阂，难免导致教育的失败。因此，爸爸要有一颗童心，把自己也当成孩子，这样才便于与孩子拉近距离。

3. 要了解孩子的心理

不了解孩子的心理就不会成为孩子的朋友。爸爸们应当明白，每一个孩子都是一个独立的世界，如果爸爸不了解他们的这个独立的世界，就很难理解他们，也就会实施"错位"的教育，结果是事与愿违。比如：孩子想和小朋友去玩一会儿，可是爸爸却把他关在屋子里学习，孩子难免会对爸爸有意见，造成感情上的隔阂，产生抵触情绪，这也会成为今后教育中的障碍。所以，爸爸要从孩子的角度去体察孩子的需要，怀着一颗童心去满足孩子的心理需要。

对孩子感兴趣的话题，要主动参与讨论；对孩子感兴趣的活动，也要热心地参与和支持。这样孩子才能真正和你交流，成为知心朋友。事实证明，谁了解孩子的心理，谁就会赢得孩子的心，取得教育的主动权；反之，则会产生"顶牛"现象，甚至遭到孩子的怨恨，费力而不讨好。

有些家长教育孩子失败，往往就是因为缺乏对孩子的理解。家长脑海中常常有一个想象中的"模范孩子"，并以此督促自己的孩子也要那样去做。但孩子毕竟是活生生的人，他们不可能什么都按照家长的意愿行事，就是主观上想让家长满意，客观上有时也会力不从心。有的家长会因此焦虑不安，甚至大动肝火，这样一来，反而使得孩子无所适从。

所以，爸爸们要从孩子们的实际出发，多考虑他们的难处，从朋友的角度，设身处地为孩子们想一想，一点一滴地引导他们朝着理想的目标努力，孩子们一定能变得越来越优秀，父子的感情也会越来越融洽。

爸爸与妈妈要统一意见

爸爸妈妈在教育孩子的时候，由于观点有所不同，常常会产生分歧，而这一点是家庭教育中最易犯的错误。因为教育孩子无"法"可依，具有很强的随意性。这与父母的喜怒有着很大的关联。因此，常让孩子摸不到头绪，不知道自己这样做到底对不对。比如说，孩子做了同一件事，在爸爸这里受到表扬，到妈妈那里却不知怎的变成了处罚或是不闻不问。爸爸认为孩子要这样做，妈妈却认为孩子要那样管。孩子还没有管成，两个人却先吵了起来。爸爸与孩子的沟通固然重要，可是爸爸应先与妈妈沟通好，两人达成一致，否则就会越管越乱了。

小林的爸爸妈妈又吵架了，原因是这样的：小林很有表演天分，妈妈总想把孩子培养成大明星，带着孩子学这学那，有时候一出门就是一个多月。小林呢，也很争气，家里的奖杯多得堆积如山。可是爸爸却希望女儿不要浮在表面上，学好知识才是关键，所以家里为了孩子的教育路线问题争执不断。爸爸让小林这样，妈妈却让小林那样。最终孩子受不了爸爸妈妈的左拉右扯，居然离家出走了。找了一天多，爸爸妈妈才把孩子找到。孩子却不要回去，大喊着："爸爸妈妈，你们放过我吧，我太累了。"女儿的一句话让爸爸妈妈突然明白自己的做法是多么自私，而孩子的心又是多么疲惫。

在生活中，又何止是小林的爸爸妈妈会这样。有的家庭，妈妈爱子心切，不忍让孩子受半点委屈。孩子做错了事情，爸爸刚要举起手吓唬他一下，妈妈马上冲过去替孩子解围。久而久之，妈妈成了孩子的护身符，而爸爸的这一套成了"做戏"，震慑力锐减。看来，爸爸妈妈对孩子的教育观念不一致还真是一个不得不解决的问题。

有了这种认知之后，爸爸就要与妈妈在某些方面先进行沟通，达成一致后再来教育孩子。比如说，把孩子教育成什么样子才算理想？孩子犯错误时，要持什么态度？要怎样进行合作？……这些都应该事先沟通好。在教育孩子的过程中，爸爸妈妈存在分歧很正常，可是不能让你的孩子看出来，如没有事先商议，一定要保持表面上的一致，过后两人再私下做好沟通。只要爸爸和妈妈在一条"战线"上，相信孩子一定会从中获益，健康成长。

信任才能教出好孩子

小伟的爸爸很爱他，把他视为"小皇帝"，生怕他受到一点点的伤害。虽然小伟已经11岁了，但是爸爸却从来不让他独立做任何事，什么事儿都包揽在自己身上，就连买酱油和醋这种小事，他也不让小伟自己去。

一天，小伟对爸爸说："爸爸，我想自己去书店买参考书，可以吗？"

爸爸回答："你别去了，我不放心！想要什么书，跟爸爸说，我去给你买。"

小伟诚恳地请求道："爸爸，你就相信我吧！我自己能搞定的。给我一次机会好吗？就这一次，好不好？"

爸爸沉思了一会儿，答应了小伟的请求。

一个小时以后，孩子高高兴兴地从书店回来了，自信和满足洋溢在他那略显稚嫩的脸蛋上。

通过这件事情，爸爸知道，原来自己的做法错了。从此以后，只要是小伟能独立解决的问题，爸爸都会让他自己去做。有时候，还会把一些比较重要的事情交给小伟，结果小伟完成得也很出色。久而久之，小伟感受到了爸爸对自己的信任，内心获得了极大的自豪感和满足感，也变得听话了，并且经常与爸爸谈心。

在教育孩子的过程中，很多爸爸都会犯与小伟爸爸一样的错误——很少让孩子去做一些力所能及的事情。他们认为：孩子还小，要是磕到碰到或者被车撞到就麻烦了；如果遇到一些突发情况，孩子不会处理。

1. 信任是教育孩子的首要保障

对于陌生人，你会信任他吗？当然不会；而对于你很熟悉的朋友，你必然会信任他，会向对方敞开心扉。可以说，信任是你与对方亲密度的一种重要的表现形式。朋友之间、亲人之间、同事之间贵在信任。在家庭之中，父母与孩子之间，信任也必不可少。

教育专家明确指出："教育的奥秘在于坚信孩子'行'。"

心理研究表明：追求他人的信任是一种积极的心态，是每个正常人的普遍心理，也是一个人奋发向上、积极进取、实现自我价值的内在动力。

其实，每一个孩子和大人都会有这样的心理需求：渴望得到认可与肯定。父母要学会信任孩子，让孩子不断获取更多前进的信心和力量。哪怕只是一次小小的认同，一次小小的肯定，都能改变孩子的整个面貌。

调查表明：爸爸因独特的心理特征和行为方式，往往在家庭中占据着重要的地位。孩子对爸爸具有特殊的信任，他们经常把爸爸视为自己的启蒙老师，模仿的榜样，生活中的"智多星"。

所以，爸爸要以信任孩子为基本点，不断激发孩子的潜在动力，让他们获得被信任与认可的快感，使他们在信任中不断激励自己，进而取得成功。

2. 在细节中信任孩子

其实，要做到信任孩子并不难。爸爸只要在日常生活中体现出对孩子的信任即可，虽然只是一些不起眼的小事，但是孩子也能获得极大的满足感。

例如，你可以让孩子去买一些油盐酱醋，叫他去买一些报纸杂志，或者让他去买一些参考图书和体育用品等。这些虽然在爸爸的眼里都是小事，但是在孩子的眼里却不只是一件小事，而是对他的一种依靠和信任。

3. 信任孩子能够自行改正错误

佳佳因为爱吃糖，有了蛀牙，爸爸就开始控制佳佳吃糖的量。一天，爸爸叫佳佳去买一斤水果糖。佳佳嘴馋了，回家的路上，边走边吃。回家后爸爸发现糖的分量不对，也猜出很有可能是佳佳偷吃了，于是对佳佳说："你是不是偷吃糖了？"

佳佳低着头一言不发。

爸爸继续说："佳佳，爸爸知道你喜欢吃糖，今天叫你去买的糖都是给你吃的。爸爸信任你，才叫你去买糖。所以，你以后不要再偷吃糖了，不要辜负爸爸的信任，好吗？"

佳佳点点头。

一个月后，爸爸再叫佳佳去买糖。佳佳果然没有再偷吃糖。

正所谓"人非圣贤，孰能无过。知错能改，善莫大焉"，当孩子犯错时，爸爸尽量不要用打骂的方式来教育他，要动之以情，晓之以理，给予孩子充分的理解和信任，帮助孩子改正错误，引导他步入正轨。

4.让信任成为孩子的一种力量

周末，爸爸带五岁的秦枫去看电影。在公交车上，有一个小伙子看见了秦枫，就给他让座。而爸爸却说："不用了，小伙子，谢谢你！他已经五岁了，我相信他自己可以站稳的。"秦枫听后，也使劲地点头，并且用小手紧紧地攥着栏杆，竭力站稳。

爸爸相信儿子自己能站稳，儿子从爸爸的信任中获得了一种力量，进而尽自己最大的努力站稳。其实，每一个孩子都希望在别人面前表现出自己坚强的一面。爸爸可以迎合孩子的这种心理，在适当的时候给予孩子足够的信任，相信孩子可以做好。如此一来，孩子就会从你的信任中获得力量，进而朝着你预期的目标发展。

此外，爸爸要根据孩子的自身情况来信任孩子，否则，不但不会使孩子变得强大，反而会让孩子产生自卑心理。如，孩子受身高的限制，是够不着篮球筐的，爸爸就不能说："孩子，爸爸相信，只要你努力跳，就能够到篮球筐。"

你平时都不爱跟孩子玩，现在孩子也不要你抱了。

不要爸爸抱！

爸爸不会表达对孩子的爱，容易让孩子产生误解，觉得爸爸高高在上不能亲近，认为自己难以得到爸爸的爱。

阿姨，我们来扶您过去。

谢谢你们父子俩。

孩子慢慢长大了，在教育方面，我们都要多上点心了。

是的，咱们俩的意见一定要统一，否则会让孩子无所适从。

爸爸是孩子最亲近最敬重的人，爸爸对孩子的影响是巨大的，所以当你成为父亲，就要用行动、用心做孩子一生的领路人。

在教育孩子的过程中，爸爸妈妈存在分歧很正常，但一定要保持表面上的一致，过后两人在私下做好沟通。

好爸爸日常家教演练

1. 作为爸爸，你注意到孩子喜爱模仿你平时的哪些行为？请至少列出 3 项。

_____

_____

2. 在日常生活中，不管工作有多繁忙，你能抽出时间陪伴孩子吗？如果能，平均每天都陪孩子多长时间？

_____

_____

3. 作为爸爸，如果你做错了事情，能够诚心诚意地向孩子道歉吗？孩子对你道歉后的态度如何？

_____

_____

4. 对孩子感兴趣的话题，你会主动参与讨论吗？对孩子喜爱的活动，你会热心参与和支持吗？

_____

_____

_____

5. 当你与孩子妈妈对孩子的教育意见不一致时，你会当着孩子的面反驳妻子吗？

_____

_____

_____

第二章

父子交流：

好爸爸懂得怎么跟孩子沟通

做孩子的朋友

爸爸要向孩子表露真实的自己，敞开心扉与孩子分享自己的喜怒哀乐，真诚地跟孩子交流，取得孩子的信任。那么，孩子就会毫无保留地把他的想法告诉你。

孩子的一切都会牵引着家长的心。家长总是迫不及待地想知道孩子的所思所想，好像唯有如此，才会感到踏实安心。然而事与愿违，许多家长在与孩子沟通的问题上感到力不从心，束手无策。现在的孩子和父母似乎无话可说，家长一开口他们就觉得厌烦和啰唆。

这样的烦恼相信很多爸爸都有过，而最好的解决方法是，在与孩子沟通问题时，把他当作朋友一样对待。

其实每个孩子都渴望朋友，然而很多家长却很难成为孩子的朋友。原因有很多，但最重要的一点就是，很多家长没有把孩子当作一个独立的个体去看待，不是一味溺爱孩子，便是在孩子面前饰演"严父"的角色，并不注重与孩子进行思想交流。时间一长，父母和子女之间形成了隔阂，在一起常感到无话可说，严重的甚至让孩子对家庭产生厌恶感。

所以，如果爸爸能够与孩子成为朋友，那么在教育孩子的道路上便会更顺畅。这并不是所有的爸爸都能够做到的。因为爸爸们习惯了板起脸来和孩子说话，这又如何能与孩子成为朋友呢？

其实与孩子交朋友很简单，那就是放下家长的架子，多和孩子进行思想上的交流，多和孩子谈话。语气要亲切自然，要让孩子无拘无束，感到你是他的朋友，那么他就会把心里话告诉你。如果你经常在孩子面前摆出一副冷峻严肃的态度，动不动就批评孩子，使他对你敬而远之，即使你想和他谈心，他也只会敷衍你，不会讲出心里话。

除了态度以外，与孩子交朋友还要根据孩子的年龄、性格、性别等不同特点，采取不同的方式。从年龄上来说，小孩子思想单纯，大人只要用一些生动、形象的语言，用比喻、讲故事的方法和他们谈心，孩子便很容易接受。而进入青春期的孩子，他们不再事事依赖父母，开始有了要独立的愿望。这时，同孩子谈心，就不能唠唠叨叨，而应充分理解和尊重他们，遇事要多鼓励、少指责。从性格上来说，性格内向的孩子往往寡言少语，不愿与别人来往，他们的思想感情比较敏感且易受伤。爸爸和这样的孩子谈心，要在他们心情愉快、情绪高涨时进行，且应注意多鼓励、少批评。这样的孩子比较细腻，所以平时要多细心观察他们的心情变化，要及时和他们沟通，成绩好了要及时表扬，遇到挫折则应及时给予鼓励和帮助。批评不能语气过重，要尽量委婉，切不可挖苦、讽刺。对待性格外向的孩子，爸爸可以直截了当地批评和要求，同这样的孩子谈心要态度明确，语言简练，更重要的是要允许他们提出自己的见解。

和孩子成为朋友不是一天两天就可以办成的事，爸爸要以一颗尊重、平等的心时刻关注孩子的成长，相信孩子会很乐意接受你这个朋友的。

除此之外，和谐、融洽的家庭氛围也很重要。在家庭生活中，要跟孩子平等地相处，家庭的计划、愿望或目标应该告诉孩子，孩子有权利参与家庭的建设与发展。征求孩子的意见，会让孩子感受到父母对他的尊重，这是非常重要的。下面我们先来看看，一个合格的爸爸是如何让孩子行使自己家庭成员的权利的。

一次很好的机会，小李可以调到北京工作，但是孩子还小，小李考虑到孩子正处在生理和心理变化最快的时期，怕影响他的成绩和成长，犹豫不决。最后小李决定对儿子说出实际情况，分析工作调动的利弊和自己的担忧，并征求他的意见。想不到儿子人小志大："爸爸，人往高处走，你去吧，至于我，你就放心吧，我一定不会让你们操心的。而且，我也会照顾好妈妈的。"

小李一家人经常一起分享开心喜悦，遇到问题还及时沟通商量，增加了家庭的凝聚力。孩子也耳濡目染，所以比较有主见，遇到苦恼也会主动跟家长诉说，很乐意把爸爸作为自己最知心的朋友。

跟孩子沟通，小李还有自己的诀窍，那就是要了解孩子的喜好，从孩子感兴趣的话题入手，参与孩子的活动。

小李的儿子从小就喜欢足球、篮球、赛车等体育活动，特别对英超联赛、NBA感兴趣。因为平时学习比较紧张，没有余暇来欣赏精彩的比赛，小李就利用吃饭时间，给儿子讲一些比赛的趣事、赛况。有时小李还会问："这星期学校有什么好玩的事情发生？让爸爸感受一下你们年轻人的朝气。"有时还会跟孩子讨论时下流行的话题，发表自己的观点。

小李把孩子当作真正的朋友对待，不仅关心儿子的学习、身体情况，还关心儿子是否有一颗快乐的心。试想，这样的爸爸哪个孩子会不喜欢呢？

对孩子"言传"的技巧

家长一般都是听着大道理长大的，他们长大后，本能地要把这些大道理讲给自己的孩子。道理必须要讲，但要讲究方法和技巧。把握好这个度，就有"事半功倍"之效，否则，只会得"事倍功半"之果。

所以，大道理对孩子要小讲，要巧讲。

现在大部分孩子都养成了有问题问老师或家长的习惯。因为在他们心里，老师和家长都是大人，大人们说的肯定对。有的时候家长讲的道理，孩子虽然不是很明白，但仍然会去听。家长也习惯了遇到事情就给孩子分析其中的道理。许多老师和家长都有给孩子讲道理的经历，但有时会感到孩子不能理解或者不能接受他们的观点。是不是讲的道理不正确呢？是不是孩子不可理喻呢？不是。问题主要出在方式方法上。

现在有很多父亲对怎么给孩子讲道理充满了困惑，认为这是一件非常难的事。父亲说得天花乱坠，孩子这只耳朵进，那只耳朵出。一不留神，孩子还逮着个错反击父亲。有些父亲能与孩子说得眉飞色舞，热火朝天，有些父亲却很少与孩子讨论问题。他们与孩子说话，往往说不上三五句，孩子就不耐烦，父亲也没词了。孩子"听话"与否，与家长对孩子讲道理的方式、技巧有很大的关系。

爸爸们在与孩子沟通时，要掌握下面这些"言传"的技巧：

1. 以建议的态度进行"言传"

孩子不肯听爸爸的话，很多时候是因为爸爸在讲道理的时候没有扮演好自己的角色，往往过于刻板和严厉，无意中把自己置于孩子的对立面。爸爸不妨多些宽容，以建议的方式与孩子协商，使孩子觉得家长并无强迫和限制自己的意思，从而消除孩子戒备和抵制的心理。

比如给孩子买东西，一定要先征求孩子的意见，款式颜色要尽可能让孩子自己挑选，但是关于价钱，则要家长说了算。

有一次小王和妻子带女儿依依去买鞋，事先跟依依说好了，凉鞋买100元以下的，旅游鞋则以150元为上限。来到商场后，望着琳琅满目的各种牌子的鞋，依依先是兴奋了一阵儿，但看到标价后，脸色暗淡了下来。因为按爸爸妈妈给她规定的价钱，只能买她不太喜欢的鞋。发现这个情况后，小王同妻子商量了一下，仍然告诉女儿，爸爸妈妈不能给她买太高档的鞋。

因为她还小，正处在长身体时期，如果买贵的鞋子，明年不能穿了就太可惜了。况且，爸爸妈妈买的鞋子也不过200元左右。经过爸爸妈妈做思想工作，最后依依高高兴兴地挑了一双80元的凉鞋和一双148元的旅游鞋。

2. 迂回的策略

迂回可以说是说理的一种必要策略。下面介绍几种常用的说理方法：

(1) 故事法

3～4岁的孩子正处于爱听故事的年龄，爸爸不妨自己也当一回童话作家、寓言大师，"编造"一个故事给孩子。这样既可以分散其注意力，避免局面僵持，又可以起到教育作用，还可以在孩子专心听故事和提问的同时，不知不觉地帮助他完成某件他原本不愿意做的事情（如吃饭、穿衣等）。

(2) 逆向法

故意顺着孩子的意愿去做某事并加以夸张，使其最终明白其中的害处。例如孩子在冬天洗完澡后，只穿一件内衣就在床上跳来跳去，无论怎么跟他讲不穿衣服会着凉，他都不听。于是，索性让他脱下内衣。孩子冷得不行，自己就会要求穿衣服了。

(3) 情景法

可以与孩子一起看儿童节目，让孩子指出电视节目中小朋友不正确的行为，表扬做得正确的小朋友。你会发现孩子的是非标准其实很分明，辨别好坏根本不成问题。例如，多次对孩子说，小朋友不讲卫生，病菌就会钻进肚子里与细胞"打仗"，这样人就会生病，发烧，可孩子始终不当回事。后来看到一部讲述人体免疫系统与感冒病毒对抗的科教片，叫孩子过来观看。看完片子后，孩子在洗脸洗手方面就会大有进步。

(4) 换位法

与孩子一起做游戏时，可以与之互换角色。例如，让孩子扮演医生为爸爸打针，爸爸则模仿孩子在医院里哭闹、手脚乱动，以及向父母提出诸多要求的情景。结果孩子就像家长一样，严肃地批评爸爸不能乱哭乱叫，手不可以乱动。这样的换位游戏，可以让孩子理解一些深刻道理，寓教于乐。

3. 自尊心的激发

孩子的自尊心和荣誉感都很强。如果爸爸能细致地发掘孩子身上的优点并及时加以肯定，就会激发孩子的荣誉感与自豪感，并使好的行为得以巩固和趋于自觉化。例如，孩子喜欢听自己小时候的故事，于是家长虚构一些他小时候的优点，经常告诉孩子："宝宝小时候可乖了，他最讲卫生，吃饭也很乖……"这时再要求他照小时候那样去做，往往效果就很好。

学会理解孩子

一天，九岁的薛峰兴奋地对爸爸说："爸爸，刚才我路过一家玩具店，发现了一款喜羊羊的新玩具，我很喜欢。"

爸爸以为薛峰想买这款玩具，于是说："爸爸昨天不是刚给你买了个灰太狼的玩具吗？你怎么又想买喜羊羊了？"

孩子生气地回答："你又不是我，你怎么知道我要买？我只是说喜欢，并没有说买。难道喜欢就必须买吗？"

"你又不是我"这句话，说出了孩子们的心声。其实，每一个孩子都希望得到爸爸的理解与疼爱，然而很多爸爸疼爱孩子的方式却存在诸多问题。现实生活中，很多爸爸都是站在自己的立场去考虑孩子的问题，以自己的人生观和价值观去看待孩子对事情的想法和处理方式，忽略了孩子的心理需求与感受，给孩子造成极为不利的影响。

1. 站在孩子的立场考虑问题

美国教育专家塞勒·赛维若曾说过："每个人观察、认识问题，都会有其自己的视角和立足点。身份、地位不同，所得出的结论就不同。若父母能站在孩子的立场上考虑问题，一切将迎刃而解。"

在教育孩子的问题上，爸爸若能站在孩子的立场去考虑问题，就能跟孩子产生心灵上的共鸣，就能深入了解孩子的真实想法和心理需求，就能有效消除父子（女）之间的隔阂与矛盾，使教育得到一种质的升华。

2. 学会跟孩子换位思考

大人有大人的世界，孩子也有自己的世界。正所谓从不同的角度看风景会得到不同的收获。因此，爸爸要学会跟孩子换位思考，以避免和孩子之间产生沟通障碍。

一天，七岁的蔡斌对爸爸说："爸爸，我想买一双新球鞋。"

爸爸反驳道："买什么买，不买！等你把这双球鞋穿破了，我再给你买。"

上述案例中，爸爸就是典型地用大人的眼光来看待孩子，忽略了孩子的感受。若爸爸跟孩子换位思考一下，如想一想"孩子买球鞋是不是为了参加比赛"等，可能就不会拒绝孩子了。

3. 理解孩子的心理感受

美国家庭治疗大师萨提亚曾指出："当孩子确实有错误需要纠正时，充满慈爱的父母通常会采取很坦诚的办法，询问原因，倾听孩子的心声，给予关爱和理解，同时体会孩子的感受。"

儿童心理学研究表明：当孩子受到某种不公平的待遇或情绪上发生了较为明显的变化时，他们最需要得到父母的安慰与理解。

一天，十岁的杨志一回到家，就向爸爸诉苦："我要跟陆建绝交。真是气死我了，他居然把我的电动汽车给弄坏了。哼，以后他休想再碰我的玩具。"

爸爸听后说："噢，原来是这样呀。我想，你一定很难过，很生气。"

杨志说："是的。爸爸，你不记得了？这个电动汽车是你上次去日本旅游时给我买的，很有纪念意义的。"

爸爸安慰杨志："爸爸很理解你现在的感受。换作是我，我也会像你一样难过的。不过，我想陆建也不是故意的。再说，玩具坏了，还可以修理，要是修不了，爸爸也可以给你买一个新的。但是，如果你跟陆建的友谊出现了裂痕，是很难修复的。为了一个玩具而跟陆建绝交，你觉得值得吗？"

杨志想了想，说："爸爸，谢谢你！我知道自己该怎么做了。"

在这个案例中，当杨志感到受了委屈时，爸爸首先认同并理解他的感受，再从他的立场考虑问题，获得了杨志的认可，有效地化解了一场矛盾。

不可否认，杨志爸爸的做法值得我们去学习。如果爸爸只是站在自己的立场，说："你就为这点儿小事，发这么大脾气，真是给我丢人。"那么，杨志不仅会听不进去，还会产生抵触与逆反情绪，使本来简单的问题变得更为复杂，处理起来也就更棘手。

告诉孩子"你能行"

孩子的成就感始于他们敢去做。起初他们胆子很小，做一件事的时候不能确定自己是不是可以做好、自己有没有这样的本领，他们犹豫着，停住步子不敢迈出。这时候，作为爸爸，要做的并不是观望，而是要对孩子说："你能行！"有了爸爸的鼓励，孩子就敢于相信自己，从而迈出走向成功的第一步。"你能行！"这种向上的力量，会让孩子渐渐体会到自己的本领，当做好很多事情之后，他们就会自信满满，从而向更具有难度的高峰继续前进。

学校要开运动会了，上四年级的军军显得很兴奋却又焦虑不安。爸爸看到后就主动和他交谈。

"怎么了，儿子？看你好像有心事。开运动会是件好事啊！"爸爸亲切地问。

"爸爸，你不知道，老师让我跑800米，我完了，我觉得倒数第一就是我了，这回要丢人啦！"儿子的小脸皱到了一起。

"可是，我听说，上次你们学校考试长跑，我的儿子可是跑了第一名啊，这次怎么这么没有信心呢？"爸爸奇怪地问。

"那是因为没人看。运动会那么多人，我是跑不好的！"儿子埋怨道。

"哦，我听明白了，你是因为紧张怕发挥不好啊！"爸爸说。

儿子点着头接着说："嗯，我可能不行！"

"儿子，你为什么不觉得自己有了同学们的鼓励会跑得更好呢？你要相信自己。"爸爸认真地说。

儿子显然有些动摇了："可是……可是我要是跑不好，老师和同学会笑话我的。"

"爸爸觉得你能行！男子汉哪有仗没打就跑了的啊？就算是真的跑了最后一名，没跑之前也要对自己充满信心，这样才是好样的。"爸爸说。

"爸爸，你觉得我能行吗？"

"你能行！爸爸相信你！"

儿子得到了爸爸的鼓励，信心百倍地去参加运动会了。成绩如何暂且不谈，爸爸的这一举动已经让孩子迈出了勇往直前的步子，相信儿子即使在运动会上没有取得理想的名次，也不会再把信心丢掉了。

孩子在年龄小的时候，会产生很多的困惑，因为没有经历过，所以难免表现出犹豫不定的样子。这时候，爸爸是教导他们的关键人物，在孩子的自信心没有完全形成之前，爸爸要做好铺路的工作。因为在生活中，成功能使孩子的信心倍增；反之失败连连，则可能会把孩子本来就没有成形的自信心打击得七零八落。所以，爸爸不能忽视孩子内心世界的成长。如果孩子屡受挫折，爸爸要想办法让他们体会成功的滋味。比如说，一个挂在高处的东西，爸爸可以鼓励孩子踩上小板凳把它拿下来，并赞上一句"你真棒"；如果孩子不敢上去，鼓励一句"你能行"！自信心都是在生活中一点一滴积累而成的，孩子越不自信，事情就越做不好。所以，爸爸要常常把"你能行"放在嘴边，鼓励孩子跳出不自信的恶性循环。

了解孩子出了什么问题

在许多家庭中，爸爸和孩子之间的激烈争吵有一个规律的、可预见的顺序。孩子做错了什么事或者说错了什么话，如果爸爸对此做出无礼、甚至侮辱的反应，孩子则以更糟糕的言行来回击爸爸。爸爸再反击，高声恐吓或者粗暴地处罚，结果事情越搞越糟。

寒假的一天，张琦和几个好朋友外出聚会，由于玩得尽兴，他忘记了时间，回到家时天已经黑了。父亲刚吃完晚饭，还喝了酒。见儿子回来，父亲趁着酒兴厉声说："来，吃饭！"张琦说自己吃过了，父亲却依然纠缠道："你给我坐下。"

张琦历来不喜欢爸爸醉酒的样子，因此表现得非常不悦。这在父亲看来是对自己的挑衅，于是父亲说："你今天回来这么晚，叫你坐下你还不高兴，长大了，翅膀硬了，是吗？"这时张琦内心非常恼火，虽然他没回答父亲，但是倔强的脸上流露出相当不满的表情。父亲见儿子不回答，火气更大，借着酒兴把饭桌上的一个杯子摔在地上。

张琦再也忍不住了，对父亲的行为做出了"反击"，于是父子二人吵了起来。见无法继续教育儿子，父亲气愤地冲进厨房，对张琦的母亲大喊大叫起来……

在这位父亲的身上，我们看到了传统的家长主义思想，看到了他对孩子的强迫行为，也看到了他对孩子及妻子的不尊重。

当孩子做出不恰当的事情时，带有传统家长主义思想的父亲喜欢训斥孩子，说粗话、狠话，殊不知，这种做法根本不能让孩子心悦诚服，反而让孩子生厌。如此下去，只会使孩子渐渐远离父亲，减少与父亲的沟通，这样代沟就会越来越深，到最后会无法跨越。

1. 孩子出了问题，要积极回应孩子

孩子出了问题，需要的是爸爸积极而充满关爱的回应——询问原因，了解情况；而不是不分青红皂白地大发雷霆——轻则动怒，重则出手打人。比如，孩子不小心把文具盒落在了学校，爸爸要问孩子文具盒里是否有贵重东西，文具盒落在了抽屉里还是桌子上，等等。总之，要向孩子了解具体的情况。

2. 可以适当做出反应，但是要把握好度

生活中，有些爸爸因为孩子犯了小错，就对孩子喋喋不休。反应过于激烈，给孩子留下的将是永久的伤痕。

孩子犯错了，爸爸对孩子做出回应之后，可以适当做出反应，让孩子知道自己的行为是爸爸不愿意看到的。这有助于孩子今后

严格要求自己。比如孩子丢了一只手套，爸爸完全可以跟孩子说："你把手套弄丢了，这很不好。还好，这不是什么大灾难，只是一个小意外。"小意外，通常蕴藏着大价值，如果爸爸懂得这个道理，以平常心看待这些小意外，那么就可以借此机会，教给孩子更多的道理。

3. 指出事实，给孩子改错的机会

生活中常有这样的事：孩子贪玩忘了爸爸交代给他的事情，或孩子不认真做好自己该做的事情。比如爸爸让孩子拖地，孩子贪玩把这事忘了；孩子没有认真做作业，而是敷衍了事……爸爸发现问题之后，如果指出事实，让孩子重做一遍，而不是批评孩子，相信孩子更愿意按照爸爸的要求重做。试想，爸爸对孩子说："地好像没拖干净，你再拖一遍吧！"孩子当然会暗自庆幸，珍惜爸爸给自己的改错的机会。

先听孩子怎么说

一天，九岁的小紫高兴地对爸爸说："爸爸，今天我们学校组织了爱心捐献活动。您早晨不是给了我20块钱吗，我当时就准备把20块钱捐出去……"

爸爸一听就火了，打断小紫的话，怒斥道："什么？你把20块钱都捐了？咱们家里的条件又不是很好，这你是知道的！这个星期你就别指望我给你零花钱了！"

"不是的……"

"住口！不是什么？你还敢狡辩，还反了你了！"

小紫不再说话了，哭着跑回了自己的房间。

其实，小紫只是想说出事情的原委。他当时确实是想把20块钱都捐出去，但是班主任告诉他，要量力而行，就算只捐一毛钱，也能表明自己对地震灾区小朋友的一份爱心。最后，小紫捐出了两块钱。

事实上，当孩子出现问题或犯错时，很多爸爸总是凭借自己对事情的片面了解，就对孩子的想法或行为妄下结论或横加斥责。只要孩子一解释，爸爸就会感到自己的尊严受到了侵犯，怒气骤升，有时甚至会采用更为粗暴的行为来制止孩子，使孩子有苦难言。

如果爸爸经常不给孩子解释和辩驳的机会，孩子就会独自默默承受由此产生的委屈与痛苦，长此以往，会对孩子造成极为不利的影响。

1. 给孩子说清事情原委的机会

据一所教育咨询机构对两千名学生的问卷调查结果显示：在孩子最不愿意听到父母所说的话中，"住口"是其中之一。

所以，爸爸要尊重、维护孩子为自己解释和申辩的权利，让孩子说清事情的原委。这样，你才能了解事情的真相，对孩子有一个全面深入的认识，进而对孩子做出正确的评价。

林克莱特是美国的一位著名主持人。在一次对孩子的采访中，他问："你的理想是什么？"

孩子说："我的理想是当一名飞机驾驶员！因为我酷爱飞机。"

林克莱特接着问："如果你的飞机飞在海洋上空，突然没油了，你会怎么办？"

孩子思考了一会儿，回答："我会让乘客都系好安全带，然后我带上降落伞，独自跳下去。"

现场的观众顿时笑得前仰后合。

但林克莱特没有笑，依然注视着这个孩子。此时，孩子天真的双眼中流出的泪水打动了林克莱特。

于是，林克莱特继续问道："你为什么要独自跳下去？"

孩子说出了自己的想法："我独自跳下去，是为了拿燃料。我还要回来！我还要回来！"

如果只让这个孩子说一半，当孩子说到"独自跳下去"时就制止他，不给他说清事情原委的机会，那么林克莱特很可能也会像现场的观众一样，曲解孩子的真实想法，把孩子本来要舍己救人的行为，曲解为自私自利的行为。

因此，不论孩子的想法与做法是对还是错，你都要让他说清楚事情的原委。如果孩子是正确的，你要及时认同与赞赏他；即使孩子是错的，你也要让孩子把话说完，深入了解孩子的真实想法，认真、耐心地给他做出全面、系统的评价与教育。

2. 引导孩子说出真实的想法

很多时候，孩子是不会主动向爸爸说出事情的整个过程的，而如果爸爸不知道事情的起因和经过，仅凭自己的主观臆断，则会很容易误解孩子，伤害他的心灵。此时，你不妨层层引导，让孩子说出自己的真实想法，这样就能更有针对性和目的性地帮孩子解决问题。

在一次家长会上，老师对肖林的爸爸说："你的孩子最近学习很不认真，英语才考了30分，你需要引起重视。"

回到家，肖林正在等着爸爸的怒斥，但是爸爸却不紧不慢地说："孩子，你知道你的英语成绩吗？"

肖林说："知道，我考了30分。"

爸爸问："那你为什么只考了30分呢？"

肖林说："上课不注意听讲。"

爸爸继续问："那你为什么不注意听讲呢？"

肖林噘起了嘴："因为我不喜欢英语老师！她太偏心了，上次的全校英语口语比赛，他没让我参加，却让王威参加了。"

爸爸说："噢，我知道王威！他是你们班里学习最好的学生。我想，老师这么做，肯定经过深思熟虑了。他的成绩确实比你优秀，并且他不是已经获得了全校口语比赛的冠军吗？如果你去，你能保证获胜吗？我很高兴你能对我说出你的真实想法。不过，你要学会换位思考，因为老师不仅要考虑你个人的因素，还需要考虑班级荣誉等其他因素，你说是吗？"

肖林沉思了一会儿，回答道："爸爸，我想是我错了！我不会再对英语老师心存偏见了。您放心，我会更努力地学习英语的。"

有时候，孩子会有某种令爸爸十分不解的举动，究其原因，主要是因为孩子有自己的想法。如果你能像肖林的爸爸一样，抽丝剥茧，积极引导孩子说出自己的真实想法，再加以纠正和教育，问题也就迎刃而解了。

3. 要孩子明白：辩护是他的一种权利

暑假，小玉的表妹到她家来玩。小玉的爸爸回到家，发现自己刚买的西服被弄脏了，很生气地问道："是谁把我的西服弄脏了？"

表妹说："是小玉。"

小玉没有说话。

小玉的爸爸严厉地批评了她。

事后，爸爸感到不对劲，于是问小玉："孩子，你如实地告诉爸爸，是你把我的西服弄脏的吗？"

小玉摇摇头。

爸爸好奇地问："那你为什么不为自己辩护呢？"

小玉天真地说："爸爸，你只教我要照顾妹妹，关心妹妹，并没有告诉我，要为自己辩护呀！"

爸爸的心紧抽了一下，心想："是我自己的疏忽，是我没有教育她如何行使为自己辩护的权利。如果她不懂得如何使用这一权利，以后无论遇到什么事，她很可能都不会为自己辩护，说出事情真实的一面，那么后果真是不堪设想……"

所以，爸爸要让孩子明白：为自己辩护是自己的一项权利。不仅如此，爸爸更要教育孩子如何行使与维护这一权利。只有当孩子对自己的权利有了科学而深入的认识时，他才会勇敢而坦率地使用自己的权利，在未来的生活中，才能勇于正视逆境，直面人生。

学着让孩子欢迎你

虽然孩子和爸爸在家庭中的角色不同，但是在人格上应该是平等的。爸爸要学会尊重孩子，因为只有尊重孩子的爸爸才会赢得孩子的尊重，才会受到孩子的欢迎。

吴祥的爸爸妈妈离婚了，他被判给了爸爸。爸爸靠干苦力活挣取吴祥的生活费和学费，所以他对吴祥寄予厚望，希望他将来可以出人头地。

平时，爸爸对吴祥的生活和学习都很关心，总是教育他要把所有的心思都用在学习上。吴祥也很争气。最近吴祥喜欢上了周杰伦，省吃俭用地攒够了钱，买了周杰伦的专辑。

爸爸发现后立即火冒三丈，觉得吴祥让他很失望。爸爸将专辑扔了，还用难听的话侮辱儿子的偶像。这给吴祥的心理造成很大的创伤。他认为爸爸一点儿也不尊重他。

爸爸的性格以及在家庭中的权威地位使得他们有这样的想

法：孩子是我的，我可以用我喜欢的方式来教育他。其实，这是错误的教子思想。在这种错误思想指导下的教育方式，缺乏对孩子的尊重，除了影响爸爸在孩子心目中的形象之外，还会影响孩子心理的健康发展。

随着孩子年龄的增长，他们内心会产生被爸爸理解和尊重的需求，如果爸爸忽视孩子的心理需求，缺乏对孩子的基本尊重，会伤害孩子的心灵，严重的还会影响孩子的人生观和价值观。

不懂得尊重孩子的爸爸也不会受到孩子的欢迎，在孩子心目中没有威信，也就不是一个成功的爸爸。孩子有很强的自尊意识，如果得不到爸爸应有的尊重，很容易出现行为上的偏差，做出极端的行为，不利于身心健康发展。

因此，教育孩子首先要学会尊重孩子。爸爸要学会尊重孩子的意见，让孩子选择自己喜欢的成长方式；要尊重孩子的想法，不要将自己的想法强加孩子身上；要尊重孩子的隐私，不干涉孩子的正常交友等。

爸爸尊重孩子才会得到孩子的尊重。做到了这点，孩子就会将爸爸看作自己的朋友。

爸爸可以从以下几个方面入手，做一个受欢迎的爸爸：

1. 尊重孩子的人格

孩子的自尊心很容易被爸爸忽略、压抑。爸爸往往会无视孩子的需要，有时甚至侮辱了孩子的人格还浑然不知。孩子虽小，但是也有自己的人格，孩子和爸爸在人格上是平等的，所以爸爸应该尊重孩子的人格。

李刚的爸爸是个很要强的人，对孩子的要求也高，总是希望自己的孩子比别人强。李刚五岁的时候，爸爸就教他背古诗，他背不下来，爸爸就会批评他，说他太笨了。

慢慢地，李刚变得不自信，每次爸爸批评他，他总是低着头不说话。一天，爸爸的同事去他家玩，爸爸让李刚给大家背首诗，他只背了两句就忘了下面的了。李刚自己在那儿低着头，小声地说："我太笨了。"

爸爸生气地说："我怎么生了你这么笨的孩子，要是件东西，我早就扔掉了。"

孩子犯了错误，爸爸不应用语言侮辱孩子，也不应在外人面前指责孩子，要给孩子留些面子，尊重孩子的人格。正确的做法应该是询问孩子做错的原因，在此基础上再对孩子进行教育。

2. 尊重孩子的兴趣

尊重孩子的兴趣是爸爸教育孩子所必须具备的理念。因为兴趣是孩子成长和发展的催化剂，也是孩子前进的动力。爸爸不应该将自己的梦想强加在孩子身上，应该让孩子在兴趣的基础上发展自己的特长。

许多爸爸都希望孩子有一技之长，所以常会在没得到孩子许可的情况下为孩子报很多辅导班，这样做会引起孩子的逆反心理。如果爸爸尊重孩子的兴趣，让孩子发挥自己的特长，孩子认为得到了爸爸的理解和尊重，也会回报给爸爸信赖和感激。这样有利于孩子和父母的沟通，也有利于孩子自身的发展。

3. 尊重孩子的选择

孩子的自主性一般体现在孩子的选择上，但是很多爸爸怕孩子的选择不正确，就不给孩子选择权，而是按照自己的经验来为孩子做选择。这是父母不懂得尊重孩子的表现，这样做的后果是：孩子永远学不会选择。

爸爸要舍得放手让孩子自己选择。在孩子选择的过程中，爸爸可以给孩子分析各方面的情况，让孩子充分了解自己选择的利弊，让孩子在了解情况之后自己做决定，而不是简单地替孩子做决定。同时，孩子在认真考虑之后做出的决定，父母应该尊重，千万不要轻易否决。

4. 尊重孩子的隐私

周静今年上初二了，最近学习情况不太好，老师向家长反映她上课精力不集中。爸爸也觉得女儿的表现有点儿反常，经常发现她放学后一个人躲在屋子里写东西。

这天等周静上学后，爸爸悄悄打开了她的抽屉，发现了她和笔友的信件往来。周静回家后，爸爸严肃地批评了她，还把她的信件烧毁了。周静很伤心，觉得爸爸不尊重她。

随着孩子年龄的增长，他们会选择用写日记或是书信的方式来表达自己的情感。有些爸爸难以找到和孩子合适的沟通方式，就会选择用偷窥隐私的方式来了解孩子。这是不尊重孩子的表现。

　　在家庭生活中，要跟孩子平等地相处，家庭的计划、愿望或目标应该告诉孩子，孩子有权利参与家庭的建设与发展。

　　在孩子的自信心没有完全形成之前，爸爸要做好铺路的工作，要常常把"你能行"放在嘴边，鼓励孩子跳出不自信的恶性循环。

好爸爸日常家教演练

1. 你的孩子在遇到苦恼和问题时，会主动向你述说吗？面对孩子的倾述，你会用什么样的态度回应？

_____

_____

2. 你会让孩子参与家庭事务的讨论吗？你对孩子的意见或建议持何种态度？

_____

_____

3. 在与孩子的交流中，你是否有经常打断孩子讲话的现象？

_____

_____

4. 当孩子不愿向你说心里话时，你会采取哪些引导方式？

_____

_____

5. 在与孩子交流的过程中，你一般是从孩子的立场还是从自己的立场考虑问题？

_____

_____

_____

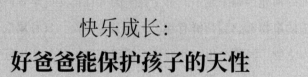

第三章

快乐成长：

好爸爸能保护孩子的天性

激发孩子的求知欲

爸爸的任务之一就是帮助孩子学习，无论这种学习是认知、情感还是技能方面的，爸爸必须先唤起孩子的求知欲和好奇心，才能让孩子产生持久的学习活动。

当孩子睁着一双明亮的眼睛打量这个世界时，他对这个世界充满了好奇，同时也对这个世界充满了渴求。随着年龄的增长，他的问题会越来越多。每个孩子的天性都是好学好问的，对周围的事物都感到新鲜有趣，上至云电风雨、日月星辰，下至海洋生物、河流山川，他们什么都想知道，并且认为爸爸什么都知道。

于是，从会说话起，孩子就不管爸爸有事没事，总是提些稀奇古怪或被爸爸看来根本就不值一提的问题。爸爸对孩子提出的这些问题一定要正确对待，切莫等闲视之，甚至批评不该提这些有时连大人也说不清道不明的问题。实际上这种好奇的天性，说到底就是一株渴求知识的"幼芽"，而且这株"幼芽"是十分娇嫩和脆弱的。如果爸爸能精心呵护，耐心教育，科学地为之"施肥浇水""除草灭虫"，它就会呈现出勃勃生机；如果呵护不当，就会使之遭到摧残，甚至被扼杀。

求知欲，是来源于儿童内心的积极要求。激发孩子的求知欲望就是使孩子把"要我学"变成"我要学"的心理要求。

激发孩子的求知欲，爸爸可以从多方面去启发诱导，比如给孩子讲名人刻苦学习、奋发向上的故事。通过讲故事，使孩子在思想感情上受到陶冶，或者帮助孩子确立正确的学习目的，让孩子明白为什么要上学读书。

爸爸对孩子进行目的性学习教育，可以从多角度来着手，比如说语文的学习，帮助孩子明确学习语文是为了掌握语言文字的交流工具，培养识字、看书、写作文的能力，为学好各门功课打下基础。只有让孩子真正知道学好语文有多么重要，他们才能对语文产生兴趣并努力学好它。其他功课也是同样的道理。

孩子到了五六岁，求知欲就更强了。这个时候爸爸一定要满足其求知欲，因为这样可以促进孩子智力的发展，让孩子变得越来越聪明。

1. 要孩子学会独立解决问题

未来社会竞争的焦点是创造力的竞争，要立于不败之地，不仅仅要拥有足够丰富的知识，更重要的是要具备创新精神，具备自己动脑思索问题、动手解决问题的能力。所以，让孩子学会思考、学会独立解决问题是必要的。作为爸爸，不仅要鼓励孩子汲取知识，更应该鼓励孩子自己去寻找问题的答案。

2. 要向孩子展示生活中的各种现象

孩子们对实际生活中现象的记忆，比从任何教科书或电视教育片上看到的要深刻得多。比如：让孩子在显微镜下看着他们的手指甲，他们就会懂得为什么要坚持饭前洗手；与其向孩子解释什么是霉，不如让孩子看看面包上长的霉点；如果能带孩子到博物馆或科技馆去，不要规定参观路线，而是让孩子带路，这样就知道他们最感兴趣的是什么。

有计划、有目的地引导孩子多走走、多看看，多感受变幻莫测的自然风光、五光十色的艺术品和扑朔迷离的社会生活，这样才可以满足孩子的好奇心及求知欲。

还可以在游戏中激发孩子的多元智能，如玩扑克牌和文字接龙。玩扑克牌可以从"找同伴""接龙"玩起，再到相对来说较为复杂的"二十四点"，既锻炼了记忆力，又学会了简单的数字。文字接龙可以从一句话、一个词语开始，如"今天天气真好"接"好棒"到"棒子"等，既锻炼了语言能力、反应能力，又学会了许多新的词汇。

3. 要常向孩子提他的优点

每个人都有着与众不同的长处和优点，问题在于要善于发掘这些长处和优点，并把它们连缀起来。一次，有位教师笼统地说一位学生心理素质不好，使他心里产生了阴影。但孩子的爸爸经过耐心细致的分析认为，儿子的心理素质没有什么大的问题，并指出其许多方面的心理素质是良好的，同时也提出了一些尚待改进与提高的地方，进而消除了儿子的疑虑。

在教育孩子的过程中，应经常为孩子提供或创造获得成功的机会。诸如提些简单的问题让孩子思考，安排些力所能及的活动让孩子操作，使孩子从中尝到成功的快乐，满足孩子在知识、能力、判断力等方面的自尊心。不要说孩子是"傻子"，也不要说"你不懂，听我来告诉你"之类的话，要在孩子面前表现出自己的谦逊："我想，这个问题你是了解的，请谈一谈你的看法。"这样一来，他的自尊心得到了保护，他就会努力思考，积极查找资料，力求解决问题。

4.反问有助于增强孩子的求知欲

爸爸对孩子充满好奇的提问，回答大致可分为两种情况：一是不予理睬，或者简单应付，甚至流露出不耐烦："爸爸忙着呢，一边玩去。""去去去，长大就知道了。"爸爸讨厌孩子问问题，这是大错特错的。绝不能压抑孩子的求知欲望，孩子问什么，就应答什么、教什么，绝不能嫌麻烦，敷衍搪塞，应付了事。二是知无不言，言无不尽，只要孩子问，就不厌其烦地详细解答，认为这样才能满足孩子的好奇心，增长孩子的见识和知识。

第一种表现当然是不应提倡的，孩子提问题表明他在主动地思考，并且有主动求知的欲望，做爸爸的应该感到高兴，并给孩子以支持和鼓励。粗暴地拒绝回答或者敷衍了事，会不同程度地扼杀孩子探索世界的好奇心。第二种表现看起来是一种很称职的做法，这样做的爸爸懂得满足孩子的求知欲望，懂得利用孩子的提问，向孩子灌输知识。可是，这种"有问必答"的做法也不值得提倡，因为这种做法只是丰富了孩子的知识，却忽略了培养孩子的独立思考能力。当孩子急于知道一个问题的答案的时候，你轻易地把答案说了出来，而且说得很全面细致，长此以往，孩子很难产生主动思考的积极性，自然思考能力也得不到锻炼。因为他已经习惯于"吃现成"的了。

面对孩子的提问，科学的做法是，不要直接回答，而是利用反问来启发孩子对自己提出的问题进行思考，或者鼓励孩子自己动手去求索答案。不要随意说"说得好"或"很好"，因为过快过早赞扬，可能传递讨论已经结束的信息。应该说"真有趣""我从来没这样想过"，以使孩子的求知欲如滚雪球一样越滚越大。

爸爸如果碰到不懂或无法回答的问题，就应该告诉孩子，书是一个奇妙的世界，可以到书中去找答案。有时，明明知道的，爸爸也要故作不知，久而久之，孩子碰到问题，就会主动去书中寻找答案，也就养成了爱读书的习惯。

让孩子喜欢读书

古人云："读万卷书，行万里路。"哲人也说："书籍是人类进步的阶梯。"当孩子爱上阅读时，他将同时学会爱的方式和爱本身，他会懂得爱自己、爱他人，爱生命、爱世界……阅读能令孩子无所不能。

有人曾经对被评选为"全国十佳少年"的孩子进行调查，发现这些孩子在阅读方面的能力都高于普通孩子；也有人曾经对一些成功人士进行采访，发现这些人在总结成功经验的时候都提到，读书让他们受益匪浅……

一个人不读书要受到命运的惩罚，一个民族不读书要受到历史的惩罚。读书，不仅仅要成为一个人生活中一项重要的活动，更要成为一个人的生活方式。

一个人要想学有所成，一个重要的法宝就是让读书成为习惯。从小培养孩子爱读书、读好书的习惯，将使孩子受益终身。世界经济组织曾进行过一次全球青少年阅读能力的调查，调查报告指出：15 岁的青少年不可能在学校里学习到成年以后所需的一切知识和技能，因此学校教育必须为学生终身学习奠定稳固的知识基础，而阅读能力是一个人终身学习的基础。

可是怎么做才能让孩子喜欢读书，并进而让书融入自己的生活，让阅读成为生活方式呢？谈到这个问题，很多家长都感到头疼。因为生活中我们常常看到很多孩子不愿读书、讨厌读书。在他们看来，读书是一件很枯燥的事情，有一点儿空闲时间，他们都用来看电视、玩游戏了。实在是要看书，也是静不下心来，并且坐不住。

所以，要培养孩子读书的兴趣，是一项长期的工程，不是一朝一夕能够做得到的，需要耐心和信心。爸爸们可以从以下几个方面入手：

1. 读书要趁早

培养孩子的读书兴趣，越早开始效果越好。在犹太人家族里，他们爱书如命。在每个犹太人家里，当孩子稍微懂事时，母亲就会在《圣经》上滴几滴蜂蜜，然后叫小孩去吻《圣经》上的蜂蜜。这种仪式的意思不言而喻：书本是甜的。让孩子从小就懂得：读书是一件甜蜜而快乐的事情，以此唤起孩子对书、对文字的兴趣。

2. 保证读书时间

读书贵在坚持，让阅读成为生活方式，是一个长期的过程，不能松一天紧一天，读一天歇一天。如果每天都给孩子一段读书的时间，哪怕一天只有 10 分钟，日积月累也是一个惊人的数字。

3. 营造读书氛围

读书需要有一个良好的氛围，这样才能保证孩子心情愉悦、注意力集中地读书。所谓"书香门第多才子"，一个最重要的原因就是他们的家庭读书氛围好。如果父母是知识分子，本身都有阅读习惯，言传身教，自然能给孩子良好的影响。

"氛围"包括两个方面：第一，硬件设施。也就是家里要有书可读。在经济条件允许的情况下，尽可能多地购书，而且品种要涉及科学类、文学类、历史类、地理类等方面；也不要忘了准备一些工具书，方便孩子在阅读的过程中查找资料。另外要有读书的地方，比如一个安静的房间，一张书桌，一盏台灯……试想，如果家里连张书桌都没有，要让孩子在哪里安心读书呢？

第二，软件指标。家里人最好都有读书的习惯，每天都有在一起看书的时间，和一起讨论读书内容的时间。孩子的可塑性强，极易受周围环境的影响，想让孩子爱读书，首先家长自己要爱读书。

4. 多带孩子去书店

这是一个让孩子零距离接触图书的最好途径。除此之外，还有图书馆、书市等地方，这些地方浓厚的读书气氛就像气功的"场"，孩子去的次数多了也就产生了"场效应"。一来，孩子感受到了浓浓的读书气氛；二来，懂得世界上的书是读不完的，好书是源源不断出现的；三来，体会手抚新书、鼻嗅墨香的欣喜感觉，以培养对书的感情。

重视游戏对孩子的重要性

一提到教育孩子，大部分爸爸的话题都围绕着如何提高孩子的成绩，或者是如何培养出优秀的孩子。很多爸爸也很少把游戏与学习结合起来，他们认为游戏和学习是两个完全不相关甚至相对立的概念，学习就是要刻苦，而游戏则是浪费时间，会严重影响学习。

10岁的小岚对爸爸说："爸爸，跟我玩游戏吧！"

爸爸严肃地斥责道："玩什么玩？你成天就知道玩，游戏有什么好的？玩游戏能提高成绩吗？你要是把玩游戏的时间和精力放在学习上，你的成绩就不会这么差了。赶紧回房间写作业去！"

小岚悻悻地回到自己的房间。

很多爸爸之所以这样做，主要是由于以下几点原因：

（1）自古以来，我国就有"头悬梁，锥刺股"和"凿壁偷光"

的学习精神。所以，很多爸爸认为：学习本来就应该刻苦，不能投机取巧。

(2) 逆水行舟，不进则退。现在社会竞争日益激烈，如果不时刻学习，居安思危，很容易落后。

(3) 如果养成玩游戏的习惯，玩物丧志，岂不是严重影响学习？

其实不然，游戏对孩子的思维发展，有着积极作用。

1. 游戏让孩子的思维更活跃

游戏和学习并不是完全对立的关系，而是辩证统一的关系。玩有益的游戏也是一种学习形式，正确、科学的玩也是一种学习方式。

游戏虽然是一种带有娱乐性的活动，但却具有很强的教育意义，主要包括以下几点：

(1) 游戏可以提高孩子对事物的认知能力。游戏是孩子认知与理解的开端。因为从孩子呱呱落地开始，就是在玩耍中感受世界，并在游戏中学习与他人沟通与交往的能力。

(2) 游戏可以提高孩子的处事能力。凡是游戏，就必有其特定的规则。在玩耍的过程中，孩子只有遵守规则，学会与别人合作，才能最终获胜。在这个过程中，孩子的实践能力、独立自主能力、观察力和协调能力等，都会在不知不觉中得到提高。

(3) 游戏可以开发孩子的思维。通过游戏，可以开发孩子的逻辑思维和创造性思维、想象力等。

对于孩子来说，玩游戏是最轻松愉快的事情了；而对于爸爸来说，利用游戏来教育孩子也是非常有效的方式之一。所以，如何在游戏中开拓孩子的思维，也就成了爸爸的一门必修课。

2. 通过益智游戏发散孩子的思维

目前，中考和高考试卷中出现了很多开放式问答题。这类题的答案不是固定的，具有很强的开放性，借以考查学生的逻辑思维能力和创造性思维能力。

所以，爸爸可以通过一些开放性的问答游戏来发散孩子的思维。

例如，当你问孩子"大象和兔子哪个重"时，孩子肯定会不假思索地回答："大象。"因为这个问题很简单，并且答案只有一个：大象。

但如果你换一种问法，即"大象比哪些动物重"，孩子就会一边思索一边回答："兔子、山鸡、燕子、老虎、狮子……"

如此一来，孩子就会根据你所提出的问题，寻找不同的答案，他的思维也就会更加开放，视野更加广阔。

3. 通过脑筋急转弯开拓孩子的逆向思维

逆向思维也被称为求异思维，它是通过一些非常规的思维方式去考虑问题，以达到出奇制胜的效果。

例如，在"司马光砸缸"这个典故中，司马光正是采用了逆向思维。常规的思维模式是"救人离水"，而司马光在伙伴掉落水缸的危难时刻，突发奇想，打破了常规的思维模式，采用"砸缸救人"的办法，使水离人，救伙伴于危难之中。

那么，如何才能培养孩子的逆向思维呢？其实，培养孩子的逆向思维并不难，脑筋急转弯就是一个不错的方式。

如，小芳用的是蓝笔，但为什么能写出红字呢？答案是：小芳写的就是一个"红"字。

从小学到大学，最快可以多长时间念完？答案是：3 秒钟（就是读"从小学到大学"这几个字的时间）。

在回答脑筋急转弯问题的过程中，孩子的逆向思维会得到潜移默化的锻炼。因为孩子知道：用常规思维是不能找到答案的，只有另辟蹊径，才能找到答案。这样孩子就会在轻松幽默的氛围中养成突破常规、采用逆向思维思考问题的良好习惯。

放手让孩子做喜欢做的事

看到这个题目，有些家长可能要问：为什么要放手让孩子做喜欢做的事？哪些事又是孩子喜欢做的呢？

因为做自己喜欢做的事情使人快乐。孩子喜欢做的事当然就是能让他产生快乐的事情了。

比如走进美丽的大自然。大自然是那样神奇和美丽，它蕴含了无穷无尽的知识，可以说世界上再没有比大自然更好的老师了。我们不该让孩子远离它。周末，带上孩子去尽情地亲近自然、拥抱自然。在孩子投身大自然，感受其中的神奇美妙时，孩子的观察力会越来越敏锐，想象力会越来越丰富，对大自然的认识、对各种生物的了解也会越来越细致，而且对美的欣赏能力也会越来越高的。

让孩子做自己喜欢做的事，可以说是利大于弊的有效教育方式之一。

1. 满足孩子的快乐感和成就感

孩子的生活是多姿多彩的，他们的生活中充满着惊喜，充满着乐趣。

只要稍微留意，爸爸就会在孩子的一言一行中发现他们关注的焦点。当孩子在户外散步时，他们会数着彩砖跳格子，往往数着数着就乱了套，最后哈哈笑成一团从头再数；他们会歪歪扭扭、乐此不疲地走在彩色的车轮上转圈。也许对于成人来说这是无聊的事，可是看着孩子的笑脸，就明白他们乐此不疲的原因了。

有时在草地上，他们会惊奇地发现：这里有一只大虫子。于是草地下还有什么就成了最新的话题。大家趴在草地上，有的用手，有的拿着捡到的树枝，一个劲儿地找呀找："哈哈，快来看，我找到了一个东西啦。"仔细擦干净泥土一看：哎呀，原来是一块小石头，一下子就泄了气。"没关系，我再找。"在经过一场草地寻宝之后，他们终于有自己的战利品了：几个坏积木，几个蜗牛壳，还有一些死掉干了的小虫子……也许这些真的不是什么有意义的东西，但是在孩子的脸上、眼里，我们看到了两个字：快乐。

这就是放手让孩子做喜欢做的事的第一个好处：满足孩子的快乐感和成就感。

2. 让孩子更加独立自主

著名文学家朱自清说："要让孩子在正路上闯，不能老让他们像小鸡似的在老母鸡的翅膀底下，那是一辈子没出息的。"要放手让孩子做喜欢做的事，家长的包办代替是孩子形成软弱性格的重要原因之一。一些家长不让孩子独自做任何事情，舒适、平静、安稳的生活环境，剥夺了孩子自我表现的机会；衣来伸手、饭来张口的生活方式，导致了孩子独立生活能力的萎缩。可见，要将孩子培养成为强者，父母首先要鼓励孩子多做喜欢做的事情，让孩子学会独立自主，把握自我。

3. 开阔视野、增长见识

在孩子的成长过程中，玩耍不可缺少，因为"玩"是他们出生以来最喜欢做的事。所以，不仅要让孩子快乐地玩，而且要从家里玩到外面更广阔的世界去。在玩的过程中，引导孩子去发现新的事物，培养他们不断探索的能力。让玩成为一股动力，伴随着孩子一路成长。

遵从孩子的兴趣

一天，爸爸发现小军蹲在地上，不知道在干什么。

走近一看，爸爸发现，原来小军正把一只毛毛虫捧在手心，饶有兴趣地注视着它。

爸爸二话不说就给了小军一巴掌，然后向他吼着："快把这个恶心的毛毛虫扔了！真是气死我了！我花了那么多钱给你买的钢琴你不弹，偏偏要在这里玩这个该死的毛毛虫……"

小军哭着跑回了自己的房间。

每一位爸爸都有"望子成龙""望女成凤"的心理。所以，只要条件允许，他们会不惜一切代价为孩子投资。如花巨资给孩子买昂贵的钢琴，重金聘请著名美术老师教孩子画画……

然而事与愿违。对于爸爸的这些付出，大部分孩子根本不领情，依然做自己喜欢的事情，按自己的兴趣和爱好行事。

其实，之所以会出现这样的冲突与矛盾，究其原因，就是因为这些爸爸总是把自己的想法与意愿强加在孩子身上。孩子虽然小，但也有自己的兴趣和爱好，如果爸爸强硬地把自己的意愿强加在孩子身上，让他做自己不情愿做的事情，孩子即便屈服了，也很难有大作为。

就像上面这个案例一样，小军即使每天练习弹钢琴，将来也可能只是一个蹩脚的钢琴师，因为他对毛毛虫更感兴趣。而如果爸爸顺应他的兴趣，让他关注、保护毛毛虫，那么他有可能成为一位著名的昆虫学家。法布尔就是因为对昆虫拥有浓厚的兴趣，通过坚持不懈的细心研究，最终成了世界著名的昆虫学家，被世人称为"昆虫界的荷马""昆虫界的维吉尔"。

1. 顺应孩子的兴趣才是最佳教育方法

著名心理学家皮亚杰说："强迫工作是违反心理学原则的，而且一切有成效的活动，都必须以某种兴趣为先决条件。"

童话大王郑渊洁也指出："不要在孩子不感兴趣、还没有能力理解的时候，让他做任何不感兴趣的事情。"

由此可见，尊重与顺应孩子的兴趣是多么重要！身为爸爸，你要记住：生活是丰富多彩的，一个人只有具备一定的兴趣和特长，才能更好地适应社会，更好地生活，也只有这样，他的生活才会有意义。

《三国志·管宁传》中有这样一句话："人各有志，出处异趣。"

所以，爸爸在教育孩子的过程中，首先考虑的不应是自己的希望和要求是什么，期望孩子学习什么特长，而应是尊重孩子的天性，多考虑孩子的兴趣与喜好是什么，如何才能真正地顺应孩子的兴趣，这样孩子的潜能才能得到充分有效的开发。

2.善于发现孩子的兴趣

每一个孩子都是一个独立的个体，具有明显的差异性，不同的孩子对事物的兴趣也是不同的。例如，有的孩子喜欢美术，有的孩子喜欢书法，有的孩子喜欢音乐，有的孩子喜欢舞蹈，有的孩子对植物感兴趣，而有的孩子却对动物感兴趣……

一位爸爸发现，他的孩子对音乐有着特别的天赋。只要一听到音乐，他就会眼睛一亮，异常兴奋；经常哼着一些旋律与歌曲，并且无论多难的乐谱，他都用不了多久就能倒背如流。

不久，爸爸就给他报了一个音乐培训班。经过老师的精心培养，一年后，这个孩子荣获了全市小提琴比赛的冠军。

在养育孩子的过程中，爸爸要时刻留意孩子的某种兴趣，或对某一种事物所具有的特别天赋。当然只是善于发现孩子的兴趣还不够，爸爸还需要重视孩子的兴趣，因材施教，适时引导，以深度挖掘孩子的潜能。

3.鼓励孩子的个人兴趣

一位爸爸在花园除草，他的儿子在院子里玩耍。一会儿，爸爸听到孩子玩耍的声音，就好奇地问："你在干什么呢？"

孩子说："爸爸，我正准备跳上月球去呢。"

这位爸爸没有像其他爸爸一样，认为孩子的想法很荒谬、不可理喻，而是微笑着说："噢！好的。不过，你可不要忘记回家哦。"

1969年，这个孩子真的"跳"上了月球。他就是世界上第一位登上月球的人——阿姆斯特朗。

如果孩子的个人兴趣是积极的、促人进步的，爸爸就需要及时表现出支持与鼓励；而如果孩子的兴趣确实欠妥，爸爸则需要及时加以纠正，让他的兴趣朝着充满光明与希望的方向发展。而如果你只是一味地否定孩子的兴趣，说："你是不是大脑缺氧了？居然有这么不现实的幻想，真是没事找事！"就会无情地折断孩子理想的翅膀。

独立思考的能力对孩子很重要

九岁的伯平是个很听话的孩子，学习成绩也比较优秀，但他就是缺乏独立思考的能力，干什么事都没有主见，别人说什么他都信。爸爸叫他学习什么，他就学习什么，爸爸叫他怎么学，他就怎么学。不但如此，就连明天上学穿什么衣服，他都会问爸爸："爸爸，我明天该穿什么呢？"在学校，他也会问老师："老师，我是参加比赛呢，还是不参加呢？"

对此，爸爸十分担忧：孩子没有一点儿独立思考的能力，今后如何能在社会上立足呢？

目前，大部分孩子享受着家庭的溺爱，几乎什么事都不用操心，渐渐地，也就失去了独立思考的能力。这样，不仅影响孩子现在的生活和学习，还会影响他将来的命运和前途。

一个具有独立思考能力的人，不仅学业方面优秀，还会在将来的人生中少走很多弯路，无论工作还是生活都能出类拔萃。

拿破仑·希尔说："思考能拯救一个人的命运。"

一位名校校长在学生的毕业典礼上这样说道："在这里，重要的不是你掌握了多少知识，而是你学会了怎样去思考。知识可能在今后的工作中用不到，思维能力却是你一定会用到的。学校真正教给你的，只有这些。"

英国剑桥大学的迪·博诺教授说："一个人很聪明或智商很高，只说明他有创造的潜力，不能说明他很会思考。智力和思考的关系，好比一辆汽车和司机驾驶技术的关系，你可能拥有一辆很好的汽车，但如果驾驶技术不好，同样不能把车开好；相反，你尽管开的是一辆旧车，但驾驶技术很好的话，照样可以把车开好。很显然，智商高和会思考之间画上了不等号。"

因此，爸爸在教育孩子的过程中，不应是教孩子该如何"听话"，而应是逐渐培养他的独立思考能力，让他在学业和事业上更出类拔萃。

1. 从小培养孩子的独立思考能力

一次，爸爸问六岁的儿子："孩子，如果爸爸出差一天，忘关水龙头了，你想想，咱们家会怎么样？能带来什么样的后果？该如何解决呢？"

儿子想了想，说："爸爸，我想应该没什么问题，因为水会顺着下水道流下去的。不过，这得看水龙头开的大小。此外，我觉得还应该在咱家的洗手间和厨房里挂一个'节约用水'的牌子，这样，就可以尽量避免这种情况发生了。"

爸爸接着又问道："如果爸爸出差一个星期，如何才能不让花'渴'死呢？"儿子琢磨了一个下午，终于想出了一个办法，高兴地对爸爸说："爸爸，你可以在花盆上面放一盆水，然后再用一些细布条的两头分别连接到水盆和花盆，这样水就可以通过布条慢慢渗到花盆里，即使你出差半个月，花也不会'渴'死啦。"

在孩子小的时候，爸爸应该多向孩子提出一些简单的问题，有意识地鼓励孩子去独立思考。比如：水能有什么用？电能有什么用？太阳有什么用？喝完饮料的瓶子还能干什么？等等。这样，孩子就会逐渐养成独立思考问题的习惯，久而久之，他的独立思考能力就会得到明显的提高。

2. 适当允许孩子的怀疑

晚上，爸爸给九岁的徐正讲《灰姑娘》的故事。听完，徐正说："爸爸，你没有发现什么漏洞吗？"爸爸正想批评他，但是转念一想：说不定孩子的想法是对的呢。于是就问："你发现什么了？"

徐正说："在这个故事中，深夜12点，所有的东西都变回了原来的样子，但是水晶鞋却没有变回去。王子正是拿着水晶鞋才找到灰姑娘的。"

爸爸说："你的想法很独特，爸爸支持你，你可以自己编童话故事，我想，你的童话故事也会很好听的。"

如果孩子说得有道理，爸爸就需要对他提出表扬和鼓励；而如果孩子说的是错误的或是存在某种误区，爸爸就需要有针对性地对他进行纠正，让他对事物有一个正确的认识。

3. 通过争论锻炼他的独立思考能力

八岁的李海正在看电视剧。爸爸问他："你喜欢剧情里的谁？"

李海说："我喜欢女主人公，因为她漂亮。"

爸爸说："我可不认为她漂亮。你觉得，除了漂亮，她还有什么优点？"

李海想了想说："她热心善良，经常帮助贫困的老百姓；她正直勇敢，敢于为民请命，帮助老百姓惩治贪官；她还爱国……"

在与爸爸的争论中，李海通过自己的思考，想出了女主人公的很多优点，并且会找出一些剧情来论证自己的观点。

爸爸与孩子争论，既可以锻炼孩子的独立思考能力，又会让孩子的思维更灵活、敏捷。所以，在平时的生活中，爸爸可以根据家庭的各种情景，来与孩子探讨问题、争论问题。例如，爸爸可以与孩子争论玩游戏机时间长了好不好？商讨玩多长时间最好？看完电视后，爸爸可以与孩子争论，某一个综艺节目好不好？它为什么好看？电视剧里的哪一段剧情比较好？等等。

◇ 好爸爸能保护孩子的天性 ◇

有计划、有目的地引导孩子多走走、多看看，多感受文化艺术和历史文物，这样才可以满足孩子的好奇心及求知欲。

读书贵在坚持，如果每天都给孩子一段读书的时间，哪怕一天只有10分钟，日积月累也是一个惊人的数字。

不仅要让孩子快乐地玩，而且要从家里玩到外面更广阔的世界去。在玩的过程中，引导孩子去发现新的事物，培养他们不断探索的能力。

好爸爸日常家教演练

1. 当孩子对你提一些稀奇古怪或你认为不值一提的问题时，你会用何种态度对待？

_____

_____

2. 你能发现孩子身上的优点并告诉他吗？

_____

_____

3. 你的孩子喜欢读书吗？你有哪些激发孩子阅读兴趣的方法？

_____

_____

4. 你会和孩子一起玩游戏吗？请试着列出三种你和孩子常玩的游戏。

_____

_____

_____

5. 你善于发现孩子的真正兴趣吗？是通过哪些方式发现的？

_____

_____

_____

第四章

为人处世：

好爸爸让孩子处处受欢迎

孩子应具备爱分享的美德

分享是一种美德、一种责任，孩子们可以从充满童趣的活动中真切感受到分享带来的快乐，这对他们正确理解分享以及形成健全的人格都有重要的作用。然而，对于心理发展水平还处于以自我为中心的孩子来说，分享显然不是一件易事。

爸爸给刘强买了一个滑板。第二天刘强就把滑板带到游乐场去炫耀，小朋友们都很羡慕，想让刘强把滑板借给他们玩玩，可是刘强死活不肯，他把滑板抱在胸前或坐在屁股底下，连上厕所都要带着。

小朋友们都说刘强可"小气"了。在回家的路上，爸爸开导儿子："你不想把滑板借给小朋友玩，对吗？"

刘强说："对啊，滑板是我的，我为什么要借给他们？如果我借给他们玩，万一他们不还给我怎么办？"

爸爸笑着说："不会的，你如果把滑板借给小朋友们玩，他们玩几下就会还给你的，这样大家都体会到了玩滑板的乐趣。而且下次小朋友们有好玩的玩具，你去借，他们也会借给你的，这样你才会受大家欢迎。"

通过爸爸一番耐心的解释，刘强明白了分享的道理。

当孩子因为存有"分享就会失去"的顾虑而不肯分享时，爸爸应对孩子的担忧表示理解，然后告诉孩子："分享不是失去，分享是互利，分享是获得。"这样孩子才会放下担忧，大方地与人分享自己的玩具。

对于分享零食，有的孩子可能觉得与人分享就是失去，其实不是这样的。爸爸可以告诉孩子："这次你有好吃的，分享给小朋友，以后小朋友有好吃的，也会分给你呀，这样你不就没有失去什么吗？"这样孩子就知道分享是互惠互利的行为，而不是失去。

培养孩子乐于与他人分享的美德，爸爸可以参考以下几点：

1. 利用故事让孩子体验分享的乐趣

孩子常常通过观察和模仿来学习，因此，多给孩子讲述分享的故事，可以让孩子体会分享的乐趣，并就此展开讨论，这对于孩子分享意识和分享行为的形成都十分有效。

如故事《金色的房子》中的小姑娘因为自私而失去了朋友，变得很孤独；当她与小动物共享她漂亮的金色房子时，她又得到了朋友。这个故事就极好地表现了分享的意义：不但能获得朋友，获得快乐，还能得到别人的尊重。

2. 通过开展角色游戏进行分享练习

在角色游戏中，孩子根据自己的经验和意识进行游戏，以角色的身份要求自己完成游戏。角色游戏可以培养孩子分享和谦让的行为。在家里，爸爸妈妈可以和孩子共同进行"大家一起玩"的游戏，分别扮演客人和主人，当客人（爸爸妈妈）来了时，让主人（孩子）和大家一起分享水果。然后，客人（爸爸妈妈）要对主人（孩子）表示感谢，肯定这种分享行为。经常做这类游戏，可以强化孩子的分享行为。

3. 从小培养孩子的分享意识

分享意识的训练要从幼儿期开始，孩子手中拿个布娃娃，爸爸手里拿辆小汽车，然后把小汽车递给孩子，拿过孩子手中的布娃娃，这样反复训练，体会互惠信任。等到孩子逐渐长大，与小伙伴一起玩玩具获得乐趣时，就会体会到分享的快乐。

4. 为孩子树立乐于分享的榜样

日常生活中，父母关心别人、帮助别人，自然给孩子留下美好的记忆。做了好吃的点心分给邻居尝尝，毫不吝惜地借给别人需用的物品，这些行为都无形地告诉孩子应该分享。

告诉孩子怎样选择朋友

随着孩子慢慢长大，与同龄人交朋友的心理日趋强烈。每个孩子都希望与同龄的孩子一起玩耍、聊天、谈理想等等。此时，爸爸应鼓励孩子去与人交往，这不仅是为了满足孩子目前与人交往的心理需要，也是为了培养孩子如何与人相处的技能，对孩子将来的发展十分有利。

但是，在孩子与人交往的过程中，爸爸需要让孩子学会择友和交友。因为孩子的思维、行为、语言等最容易受朋友的影响，如果孩子所交的朋友是品德高尚、志同道合、互相勉励、好学上进的朋友，那么孩子将会一生受益，成为一个优秀的人；而孩子若是交一些品质恶劣、不思进取、好吃懒做、偷鸡摸狗的朋友，那么孩子也会深受其害，还有可能因此落一个锒铛入狱的结局。这样的情况在现实生活中时有发生。很多孩子本质不坏，但因结交一帮狐朋狗友，受其影响，结果误入歧途，一生的美好前途断送在择友不慎当中。

因此，为了孩子的将来着想，爸爸要教孩子慎重选择朋友，尽量选择那些有着美好品质的人交朋友。但是，金无足赤，人无完人，一个人身上不可能聚集所有的优点。所以爸爸还要告诉孩子择友要慎重，但不能太苛求，只要对自己某一方面有促进，就可以适当与之交往。

1. 帮孩子树立正确的交友目的

交朋友的目的一般有两个：一个是满足情感上的需要，互相交流、倾诉，另外一个就是互惠互利。

小阳喜欢美术，而班上的刘刚从小学画画，绘画的功底很强。小阳每次见到他绘画时，都很羡慕，也很崇拜刘刚。有一天，小阳对爸爸说："我想和刘刚做朋友，不知道他愿不愿意？"爸爸问他："为什么要选他做朋友呢？"小阳说："他很会画画，我喜欢美术，希望他能帮我，一同学好画画。"

爸爸点点头说："很好，爸爸支持你，你打听一下，他在哪里学画画，爸爸也让你去学。"小阳马上就打听到了，小阳也开始学画画后，和刘刚走得越来越近。两人经常一起讨论画画的事，进步都很快。

在正确的交友目的下结交朋友，会帮助孩子取得更大的进步和发展。孩子一生中最温暖的友谊大多是在年幼的时候建立的，友谊会促进孩子身心的健康成长。为此，父母要指导孩子树立正确的交友目的，交到合适的朋友。

2. 教孩子学会选择多层次朋友

每个人对友谊的需要都是多层面全方位的，而这些可能并不集中在一个人身上，因此爸爸要教孩子学会选择多层次的朋友。

小聪回家对爸爸说："班里有一个成绩不好的同学，总爱挑我的缺点、毛病，还总要我改正，真让人讨厌！"爸爸听孩子说完，意味深长地告诉孩子："他有可能是你真正的朋友，他这是在善意地提醒和帮助你，否则他不会指出你的不足之处，更不会要求你改正，你要与他交往下去，并按照他说的去做。"

小聪按照爸爸所说的去做了，慢慢地，他的缺点、毛病越来越少。此时小聪才意识到爸爸让自己那样做的用意，也与那位同学成了好朋友。

只要对孩子某一方面有促进，爸爸就应鼓励孩子与其交往下去。因为选择多层次的朋友，能更好地使孩子多方面都得到改进、发展。

3. 让孩子学着主动去找朋友

两人成为朋友之前，需要双方的主动沟通、了解，如果只是消极等待，很难拥有朋友。因此，爸爸要鼓励孩子主动与那些品质优良、好学上进的同学交往，增进彼此的了解，才有可能发展为朋友。

4. 引导孩子深入了解对方后再确认友谊

朋友的确定、友谊的建立，是在深入了解之后形成的。如果孩子在没有认清别人之前，轻易地与人成为朋友，很可能因此受到伤害。

教孩子学会待人接物

宾宾的小姨与表弟到宾宾家走亲戚。宾宾当时正在玩电脑游戏，客人进门时他只回头看了一眼，就转回头继续玩游戏，就像没有看见一样。爸爸喊了宾宾几声，他才极其不情愿地站起身，嘟着小嘴走到爸爸的身边说："爸爸，你打断了我玩游戏。"爸爸对宾宾说："快叫小姨、表弟。"

宾宾还没有开口，小姨就走上前拉着宾宾的手说："快让小姨看看，宾宾有什么变化？"宾宾却一甩手说："我要玩游戏去了。"弄得小姨十分尴尬。爸爸看着宾宾这样，十分后悔平时没有教导儿子学会待人接物。

现在有很多孩子不懂礼貌，不知道该如何待人接物，比如家里来了客人不知道打招呼，不懂得端茶倒水，客人走时不会起身相送；对长者没有礼貌，见了面不主动说话；不经别人允许翻动别人的东西……

这样的孩子经常被人们说成不懂礼貌、没有教养，走到哪里都不会受人欢迎。而孩子不会待人接物，不仅会给别人留下不佳的印象，影响与别人的交往，还容易形成不良的习惯，对孩子将来的发展不利。

孩子之所以如此，主要原因有三：一是爸爸观念上不重视，没有意识到待人接物的重要性，或者自己在这些方面也做得不好；二是有些爸爸知道让孩子学会待人接物的重要，但认为孩子现在还小，没有必要如此早就学习这方面的东西；三是虽然爸爸明白待人接物的重要性，并且把这个观点传达给了孩子，也想着让孩子尽早学习，但因为没有精力或者疏于教导，对孩子的行为放任自流，没有在日常生活中有意识地训练，等等。

因此，为了让孩子学到良好的待人接物之道，将来进入社会能更好地与人相处，爸爸需要认真仔细地教导和训练孩子，让孩子的行为走到哪里都受到别人的欢迎，得到良好的评价。

1. 给孩子做待人接物的好榜样

爸爸平时在生活中，一言一行都要给孩子做好榜样，比如家里来了客人应热情招待，不随意翻动他人的物品，认真倾听别人讲话，待人真实诚恳，等等。孩子天天看着爸爸这样做，耳濡目染，自然也就知道了应该如何待人接物。

2. 教孩子认识待人接物的重要性

一些孩子认为待人接物没有必要学，只要自己能力强了，知识多了，就能够发展得很好。但他们不知道，无论自己其他方面有多强，如果没学会待人接物，对他人颐指气使或者盛气凌人，就得不到别人的支持，也不可能获得更大的成功。

因此，爸爸要教孩子认识到待人接物的重要性，让孩子对它足够重视，这样孩子将来才会有更好的发展。

3.告诉孩子应该如何去待人接物

待人接物主要体现在三个方面：首先是真诚做人，二是尊重他人，三是热情待人。

爸爸正在与客人说话，小素想让爸爸陪自己玩，就走上前打断他们的谈话说："爸爸，我想出去玩了，你带我去吧。"小素的爸爸没想到女儿会在此时说出这样的话，虽然有些尴尬，但还是温和地对女儿说："爸爸正在谈事情，你自己先玩吧。"

小素叫不动爸爸，只好自己玩去了。爸爸谈完事情之后，把小素找回来，告诉她不能随便打断别人谈话，说这是对别人的不尊重，也是不礼貌的行为。小素记在了心里，以后再也没有做过类似的事情。

爸爸只要教孩子严格从这三点做起，孩子在待人接物方面一般就不会出现大的问题。

4.让孩子在日常生活中接受训练

如果让孩子在日常生活中接受待人接物的训练，效果会更明显。

孙英勇是个调皮捣蛋的孩子，平常什么事情、什么人都不放在眼里。爸爸给他说了很多遍学会待人接物的重要性，但他总是记不住。

但爸爸没有放任自流，每次家里来了客人，爸爸都会叫孙英勇主动去招呼、接待。做得好的地方，爸爸会及时表扬，哪方面做得不妥，或者有损待人接物之道，爸爸就指导他再来一遍。久而久之，孙英勇也就学会了待人接物，并且做得很好。

日常生活中的各种情景，是孩子学习待人接物的最佳现场，爸爸让孩子在日常生活中经常接受这样的训练，许多毛病就能纠正过来。

5. 让孩子体验会待人接物的好处

爸爸可以经常列举生活中一些待人接物的例子给孩子听，并设置一些场景，让孩子亲身体验不同的待人接物的方式带给自己的不同感受，让孩子意识到良好的待人接物方式能给周围的人带来愉悦感，自己也会受到别人的喜爱。

孩子运用了待人接物之道，爸爸要及时表扬，让孩子体验到这样做带给自己的愉悦感。明白了待人接物的好处，孩子今后才会愿意继续学习待人接物之道，并把自己良好的行为保持下去。

让孩子多参与有益的集体活动

小海是独生子，家人对他十分娇惯，结果他成了家里的小霸王，什么事情说一不二，要什么就得给什么，否则就会不停地大哭，直到他的要求得到满足为止。小海在与小朋友一起玩时，因任性的脾气遭到所有孩子的排斥，有一次他还因此哭着跑回了家。

爸爸趁此机会教小海学着站在别人的立场去考虑问题，学会顾及别人的利益与感受等等，鼓励小海用这样的态度多参加小伙伴们的活动。小海试着用爸爸教自己的方式与小伙伴们玩，几次下来，已经能够很好地融入集体之中。

现在的孩子大多是独生子，从小没有兄弟姐妹，很孤独，因此喜欢加入集体活动之中。但因为父母过度宠爱，孩子容易养成任性的脾气，孩子在最初参加集体活动时往往会受挫，不是与伙伴的关系不好，就是受不了集体规则的约束，以致一些孩子不愿意再次参加集体活动。

爸爸如果此时放任孩子，或者怕孩子再次受到伤害阻拦孩子参加集体活动，不仅没有帮助到孩子，反而是害了孩子。因为孩子不参加集体活动，缺少玩伴、没有朋友，很可能就会形成孤独、冷漠的性格，不喜欢与其他人在一起，不愿意与别人合作，对孩子将来的发展十分不利。

所以说孩子参加有益的集体活动十分重要，因为集体活动不但满足了孩子交往与感情的心理需要，还能够帮助孩子学会客观地评价自己与他人，从而改掉一些不良的习惯，还能交到很多朋友，获得友谊。

不仅如此，丰富多彩的集体活动还能增长孩子的见识，扩大孩子的视野，可以使孩子在集体活动中学会调整自己，以适应集体活动规则的要求，等等。总之，参与集体活动有益于孩子身心健康，促进全面发展，为孩子将来走向社会打下良好的基础。

因此，爸爸一定要鼓励孩子多参加各种各样有益的集体活动，让孩子在集体活动中丰富情感、增长知识、提高技能等，从而使孩子成为一个有社会价值、符合社会要求的新一代接班人。

1. 为孩子创造各种有利的条件

爸爸鼓励孩子参加学校举行的各种集体比赛项目，利用假期带孩子参加社会上举行的集体活动，或者经常带着孩子走亲访友，等等。

爸爸还要有意识地让孩子与同龄人有更多接触和玩耍的机会。让孩子尽可能多地参加丰富多样的集体活动，能够避免孩子孤独，提高孩子对集体活动的认识与了解，增强孩子与人交往的技能，为孩子热爱集体活动打下基础。

2. 引导孩子采取积极主动的态度

集体活动虽然有很多好处，但只有孩子愿意去做，并乐在其中，才能从中受益。因此，爸爸要学会引导孩子，使孩子尽可能地以一种积极主动的态度参加集体活动。

娇娇胆小怯懦，不愿意参加集体活动，爸爸就在日常生活中有意识地引导她，如帮助她召集小区里的小朋友们进行集体游戏，鼓励她和小伙伴相处，肯定她的长处，并且从她最拿手最感兴趣的项目入手，一步步引导她参与到集体活动中去。

娇娇从爸爸的鼓励中得到了自信，从自己感兴趣的集体活动中获得了成就感。几次之后，娇娇就主动要求参加集体活动了，胆小怯懦的行为也不见了。

爸爸要想引导孩子主动地参加集体活动，需要了解孩子的心理，知道孩子的兴趣特长，并且经常鼓励孩子，这样孩子才会对集体活动有积极的态度。

3. 启发孩子讨论活动后的感受

孩子每一次参加集体活动之后，爸爸都要启发孩子谈一谈对活动的感受，肯定孩子正确的想法，纠正不良的想法，帮助孩子提高认知，取得进步。

小标参加学校运动会的400米接力赛，因为他跑得慢了一些，结果他们这组没有获得第一名，其他三名同学都抱怨他跑得慢，说他集体荣誉感不强。小标因此很难受，打算下次就不参加这种集体活动了。

小标比赛完回家，爸爸看他心情不好，就引导他把比赛的经过说给自己听。小标把自己满心的委屈告诉了爸爸。爸爸及时开导小标说："别的同学这样认为也属于正常，你这次跑得比上次快多了，下次加把劲，就会更快了。"

小标听爸爸如此说，心情好多了，不愿意再参加集体活动的念头也打消了。

因为种种原因，孩子可能在集体活动时有不愉快的体验或者不良的情绪出现，爸爸及时引导孩子讲出来，并且尽早开导，可以使孩子从偏激中解脱出来。

4. 指导孩子适应集体活动要求

既然是集体活动，就有一定的规则，爸爸指导孩子去主动适应规则，才能减少孩子在集体活动中遇到挫折的概率。

孙宽厚很聪明，脑袋灵活，小动作也多，因此在参加集体活动时容易犯规，常常遭到其他伙伴的排斥。爸爸为了使孩子融入其中，在每次参加集体活动之前，都与孩子一起，了解活动的规则与要求，并与孩子一起在家里排练。这样一段时间之后，孙宽厚犯规的行为逐渐消失，伙伴们重新接纳了他。

每次参加集体活动前，爸爸让孩子了解活动的要求，指导孩子去适应要求，孩子遇到的困难才会减少，成功的喜悦才能更多。

培养孩子礼貌待客的能力

　　黄达在小区花园里踢球，邻居小莉抱着金鱼缸来晒太阳。小莉说："黄达，你可小心点，别踢着我的鱼缸啊。"

　　黄达说："那你离我远点，我可控制不好。"

　　小莉抱着鱼缸走了。

　　黄达说："真是小心眼儿，说一句话就跑了。"

　　晚上，爸爸请小莉来做客，教黄达数学。黄达马上说："我不答应，我不学。"

　　小莉说："你怎么态度这么差？我也是好心帮你。"

　　黄达说："你的好心我不需要。"

　　小莉生气地说："黄达，我可是到你家做客来了，你怎么这么凶呢？我不敢招惹你了。"说完就转身走了。

　　黄达气呼呼地说："爸爸，我态度就是这样，我又没说什么，看她气成那样。"

　　爸爸说："看来是我太惯着你了，你刚才很不礼貌，把小莉都气走了，一点儿也不像主人的样子。"

礼貌待客是一门高深的学问，主客之间的礼仪是其中很重要的内容。主客双方都应遵守规则，一旦一方未按规矩办事，另一方便会觉得对方不懂礼数，感觉受到了侮辱。主客矛盾一旦出现，双方常常会不欢而散，正如上例中的黄达和小莉一样。

因此，爸爸应该培养孩子从小学会待客之道。

如何待客反映了孩子的内心世界，爸爸应该给予重视，切莫以为这只是大人的事情。家里来了客人，孩子会做出各种表现：

有的孩子见了陌生的客人站在角落里不声不响，默默地注视着客人的举动。即使客人跟他讲话，他也是笑而不答，或表现得相当紧张。有的甚至躲进厨房，不肯出来见客人，显得胆小、拘谨，对客人的态度冷漠。

有的孩子则相反，看到家里来了客人，便拼命地表现自己，一会儿要喝水，一会儿要吃东西，一会儿翻抽屉，甚至为了一点儿小事大哭大闹，显得不懂礼貌，不能克制自己。这类孩子以"人来疯"的方式引起别人对自己的关注，提示自己的存在感。

还有的孩子在家里来客人时，能主动打招呼，拿出水果招待客人，表现得热情而有礼貌。

孩子在家中来客时的种种表现虽然和他们的个性心理有关，但也和爸爸平时对孩子的教育有关。来客时表现不佳的孩子，爸爸往往缺乏在这方面对他们的教育，在接待客人时，忽视了孩子在家中的地位。那些在家中来客时表现较好的孩子，爸爸往往比较重视在这方面的培养，让孩子和父母一起接待客人，孩子逐渐地消除了对陌生人的紧张心理，学会了一些接待客人的方法，表现得落落大方。

那么，怎样培养孩子接待客人的能力呢？

1. 让孩子做好心理准备

在客人尚未到来之前，爸爸应告诉孩子，什么时间，谁要来。假如客人是第一次上门，还要告诉孩子，客人与父母、与孩子的关系，该如何称呼，使孩子在心理上做好接待客人的准备。

2. 共同做准备工作

爸爸可以和孩子一起做接待客人的准备工作，如打扫房间、采购水果，和孩子共同创造一个欢迎客人的氛围。

3. 让孩子学着接待客人

爸爸除了自己热情招待客人以外，还要让孩子学着接待客人，让孩子感到自己是家中的小主人。例如，客人来了，爸爸要让孩子招呼每一个客人，请客人坐，请客人吃水果。还可以让孩子把自己的玩具拿出来给小客人玩，把自己的相册拿给大家看。

4. 让孩子学着与客人交谈

爸爸应鼓励孩子大方地回答客人的问题，提醒孩子别人在讲话时不随便插嘴。如果孩子在某一方面有特长，可以提议让孩子为客人展示，以制造一种轻松、愉快、热烈的气氛。

5. 根据孩子的特点提出合理要求

在让孩子学习接待客人时，要注意根据孩子的特点对孩子提出合理的要求，不要强求孩子做不愿意做的事。例如，对待胆小怕事的孩子要求简单些，可以让孩子与客人见见面就行，以后再逐步引导，提高要求。对于"人来疯"的孩子，爸爸应先让他离开大家一会儿，等其冷静下来后，再让他和大家在一起。切忌在客人面前大声训斥和指责孩子，以免伤害孩子的自尊心。

6. 评价孩子在客人面前的表现

客人走后，要及时评价孩子的表现，肯定好的地方，指出不足的地方，并要求孩子今后改正，使孩子接待客人的能力逐步提高。例如，以前孩子会表现出"人来疯"，可是今天很懂事，爸爸就应及时表扬他的进步，并要求以后来客人时他要和今天一样。孩子在客人面前表现得落落大方、对人有礼貌是所有家长的共同愿望。但在现实生活中，孩子有害羞而不愿意主动跟他人打招呼、进行交往的表现，只要不过分，也是很正常的。作为家长要求他"有礼貌"，但这种"礼貌"在孩子看来有时是难以理解的，越是强求，他越反感。培养孩子有礼貌，有效的手段不在于督促孩子"叫人"，而在于平日里家长对人的态度是否做到尊重、平等、有礼，家长要通过以身作则的方式来影响孩子。

让孩子注重社交礼仪

张朋的儿子涛涛今年八岁，成绩挺好，平时大家都夸奖他，张朋也觉得脸上很有光。张朋总是对涛涛百般照顾，宁肯委屈自己也不会委屈孩子，从小家里"最大、最红的苹果"都是涛涛的。张朋有时候也觉得孩子没礼貌，比如：乘电梯经常横冲直撞，不会说"谢谢"，见人不会主动打招呼，等等。不过又觉得这些都是小事，而且男孩子嘛，有点大大咧咧没关系。

前几天张朋带孩子参加一个正式晚宴，才发现儿子站没站相，坐没坐相！别人还没入席，涛涛先一屁股坐到正中位，旁若无人地吆喝服务生要可乐，菜一上桌就伸筷子去夹。等到上龙虾这道菜时，因为是涛涛最爱吃的，他居然整盘端到自己面前，就像在家里一样。虽然大家都说"没关系，没关系"，但张朋还是看到了鄙夷的目光，真是如坐针毡，难堪得要命，觉得很丢脸！

这个案例给人一个启示：如果爸爸不肯"委屈"孩子，那么孩子会让爸爸受委屈。案例中的涛涛不讲礼貌的原因其实是父母没有教他社交礼仪。人的成长是一个学习的过程，正式晚宴上发生的事情，正是爸爸进行补偿教育的好时机。爸爸首先要改变"学习好则百好"的观念和"什么事都由着他"的教育态度。一个凡事以自我为中心、做任何事情不考虑他人、不考虑后果的孩子，在社会上很难立足。

作为爸爸，需要充分认识到平时对孩子进行礼仪教育的重要性。所谓"礼仪"，是指人们在社会交往活动中，为了相互尊重，在仪容、仪表、仪态、言谈举止等方面约定俗成的、共同认可的行为规范。如果只知道"应该"对人尊敬礼貌，而不懂得"如何做"才能体现尊敬有礼貌，弄不好会适得其反，伤害对方，惹人反感。而有些孩子甚至根本不懂得应该讲礼貌，那么说脏话、行为粗鲁无礼更是常事。

孩子不讲礼貌大多与家长本身行为不端正有关。作为爸爸，应该成为孩子的礼仪老师，必须从孩子刚刚懂事就开始注意自己的言行。因为在日常生活中，礼仪是促进人际关系的"黏合剂"和"润滑油"。培养孩子的礼仪习惯，就是教孩子学习怎样待人，怎样跟人相处，包括尊老爱幼、尊敬师长、讲文明、懂礼貌、守时守信、讲卫生、遵守秩序等多方面的内容。人们在交往中都渴望有一个良好而和谐的人际关系，都想得到别人的喜爱和尊重，且当今社会又是一个充满竞争与合作的时代，良好的人际关系是人生成功的助力器。为此，应该培养孩子从小的时候就养成良好的礼仪习惯，教孩子一些建立良好人际关系的知识。

那么，如何才能帮助孩子养成礼貌待人的好习惯呢？

在观念改变的基础上，爸爸要以正确的方法给孩子补上礼貌教育这一课。要在和谐氛围中与孩子交谈，表明爸爸对礼貌行为的态度，用正面的语言表达在以后类似的情境中，希望孩子做到的是什么样子，并在实际行动中予以辅导与教育。

1. 有意识地训练孩子的礼貌言行

如果孩子和长辈说话时没有使用敬语"您"，爸爸便可勒令孩子说上几十遍，直到孩子说正确了为止。这样做的目的是为了让孩子意识到和长辈说话应该讲礼貌、有礼节。当家中来了客人，家长应该要求孩子主动和客人打招呼，客人告辞时，要求孩子把客人送到门口或电梯口。

2. 家长应成为孩子的榜样

孩子的成长和家庭环境密不可分，什么样的家长就会教出什么样的孩子。如果家长自己就不是一个讲文明懂礼貌的人，即使对孩子的管教特别严，苛求孩子的言行要有礼貌，效果肯定也是不明显的。孩子是在模仿家长的言行中长大的，家长的一言一行都会对孩子产生潜移默化的影响。因此，要想把孩子培养成为一个讲文明有礼貌的人，家长就应该成为孩子的榜样。

3. 发现问题就立即解决

培养孩子讲文明有礼貌是一个循序渐进的过程，家长不可能要求孩子在一夜之间就变得彬彬有礼。当发现孩子不习惯用敬语时，爸爸应立即加以纠正，直到孩子养成了说敬语的好习惯为止。爸爸切不要把孩子的许多问题都集中起来试图突击解决，正确的做法应该是发现一个问题就立即解决。

◇ 好爸爸让孩子处处受欢迎 ◇

爸爸应该告诉孩子："分享不是失去，分享是互利，分享是获得。"这样孩子才不会产生担忧，大方地与人分享自己的玩具。

在正确的交友目的下结交朋友，会帮助孩子取得更大的进步和发展。为此，父母要指导孩子树立正确的交友目的，交到合适的朋友。

为了让孩子学到良好的待人接物之道，爸爸需要认真仔细地教导和训练孩子，让孩子的行为走到哪里都受到别人的欢迎，得到良好的评价。

好爸爸日常家教演练

1. 日常生活中，你会采用哪些方式来引导孩子学会分享？

_____

_____

_____

2. 当孩子不善于结交新朋友时，你会采取哪些鼓励方式？

_____

_____

_____

3. 你会教孩子如何与朋友相处吗？

_____

_____

_____

4. 日常生活中，你会教给孩子一些待人接物的礼仪常识吗？

_____

_____

_____

5. 你会创造条件，鼓励孩子参与集体活动吗？

_____

_____

_____

第五章

有父则刚：

好爸爸能教孩子学会自立自强

学习成绩并不是唯一

有很多的家长把眼睛只盯在孩子的学习上，成绩稍有下滑，他们敏感的神经马上就会紧绷起来。然而，对于孩子生活上的问题却往往视而不见。每个爸爸都很爱护自己的孩子，但是，小鸟总会高飞，孩子总会长大，如果爸爸总是事事代办，就会让孩子失去在社会上生存的能力。自立，是要从小培养的，如果孩子从来没有体会过"自立"的滋味，试想一下，一个泡在蜜罐里的孩子又怎么会跳出来单独地去面对世间的风风雨雨呢？即使有一天，孩子觉得蜜罐里的滋味太腻了，想去感受一种全新的生活，也会发现，他们无法适应独自生活。现在的"袋鼠一族""啃老族"不就是活生生的例子吗？这些孩子长大了，他们有知识、有文化，但是却不爱工作或是缺少工作经验，学有所成之后却又窝回了父母的身边。因为他们知道，他们的父母是多么"爱"他们，绝不会让他们冻着、饿着。

这一切，难道还不能让爸爸们警醒吗？妈妈的爱有的时候是糊涂而无法理解的付出，而爸爸作为家庭的导航者，一定要理清自己的思绪，别误了孩子的大好前程。

女儿回到家，满脸不高兴。爸爸看到了，马上把女儿抱到自己的腿上问："我的宝贝女儿怎么了？小嘴噘得都能挂油瓶啦。"

"爸爸，今天学校组织'生活小技能'比赛，可我被子叠不好，衣服穿不好，碗也不会刷，鸡蛋都不会剥，同学们都笑话我，说我是娇生惯养的孩子。"女儿不高兴地说。

"原来是这样啊。这有什么，我的女儿可是学习第一名。不要把那些孩子的话放在心里。"爸爸说。

"可是同学们说，光会学习以后是无法在社会上生存的。"女儿反驳道。

"不要放在心上，现在你是学生，第一任务就是学习，他们是嫉妒你，你可千万不要听他们的，把成绩落下来了。只要学习好，还怕长大后找不到好工作吗？听爸爸的没错。"

"哦，我知道了。我会好好学习的。"女儿若有所思地回答。

爸爸"支持的声音"会对孩子起到很大的作用。因为在生活中，爸爸是孩子最亲近、最重视的标杆。所以，爸爸要树立正确的观念，不要让孩子成为只会应对学校的学习，而生活常识却是一片空白的乖宝宝。像上文中的爸爸，错误引导孩子"学习优于一切"的思想，就是不明智的。一个好孩子需要从多方面综合培养，绝对不是仅仅考了"第一"就代表样样优秀了。

锻炼孩子的动手能力

动手实践能力能够激发孩子的创造力、想象力、执行力。如果爸爸过分保护，不让孩子自己动手，那么会影响孩子的动手操作能力，不利于孩子增长信心和培养兴趣。

今天在课堂上，老师教了自制泡泡水的方法，王萌一回家就想亲自试验。她找来了洗涤剂和水按照书上的比例进行调配，又用一根细金属丝做了一个吹泡泡的圈。她把金属圈放入泡泡水中蘸了一下，轻轻一吹，一个大泡泡就出来了。

王萌能够有较强的动手能力，与爸爸经常鼓励她自己动手实践有很大的关系。王萌家里很多小物品都是她在爸爸的鼓励下做出来的，如简易笔盒、拖把、塑料花、存钱罐……看着这些成果，王萌特别自豪。

动手实践能力是孩子成长的基础，它可以开发孩子的智力。从孩子开始学会走路，爸爸就要多鼓励孩子"自己的事情自己做"。

动手能力的培养来自生活实践，吃、穿、住、行都需要孩子的动手实践能力。动手能力强的孩子能够很快学会各项生活技能。劳动是培养孩子动手能力的好方法，鼓励孩子多劳动也会增强其动手能力。

孩子缺乏动手实践能力，就喜欢在生活、学习上依赖他人。爸爸培养孩子动手实践的能力，首先要激发他们做事的热情。对做自己感兴趣的事，孩子都愿意亲手去做，因此培养孩子动手能力可以从孩子的兴趣点入手。

孩子不愿意动手实践，是因为没有从实践过程中获得成就感，从而对动手实践产生厌倦情绪，失去动手实践的兴趣。爸爸需要对孩子的成果给予赞赏和鼓励，让孩子体味到成就感，喜欢上动手实践。

成功完成生活中的每件事，都离不开强大的动手实践能力。任何的理想和创意，最终都需要靠实践来落实。孩子拥有更强的动手实践能力，才能为自己赢得更好的未来。

爸爸该怎样培养孩子的实践能力呢？

1. 给孩子动手实践的机会

爸爸要减少对孩子的溺爱，不要包办孩子的事，给孩子更多动手实践的机会。爸爸不要怕孩子吃苦，要舍得他们去锻炼。在自己动手的过程中，孩子的各种实践能力都会得到提升。

孩子的好奇心很重，爸爸要给孩子去探索的机会。鼓励孩子在探索过程中自己去解决各种问题、疑惑。爸爸给予间接指导，让孩子亲自去试验、实施。

2. 让孩子在游戏中提升动手实践能力

游戏能激发孩子的兴趣点，能提高孩子的动手热情。爸爸巧于引导，会让孩子喜欢上动手实践。孩子在动手过程中找到了乐趣，也就会喜欢上动手实践。

飞飞放学回家后对爸爸说，今天在数学课上学的是"对称"，她知道了什么是对称，还知道了几种对称的类型，可是她对"轴对称""中心对称"概念还是感到很模糊。

爸爸拿出了家里的剪纸书和剪纸所用的材料，鼓励飞飞通过亲手实践，将这两个概念理解透彻。

飞飞按照书中所介绍的，剪出了轴对称的图形"蝴蝶"，中心对称的图形"四叶风扇"，中心对称和轴对称的图形"圆"。通过自己的动手实践，她将生活中的图形和书本中的知识结合在一起，加深了对知识的理解。

游戏是受孩子欢迎的一种方式，通过玩游戏能让孩子的实践能力得到提升。孩子的动手能力越强，也就越乐于自己动手，在生活中展示自己的技能。娴熟的动手能力让孩子获得了成就感，也提升了孩子自己动手的信心。

3. 教给孩子各种劳动实践技能

孩子动手实践的热情受打击，往往是因为技术不高导致失败而影响到兴趣，因此爸爸要不时地将各种生活、劳动技能传授给孩子。当孩子掌握了娴熟的技术，在实践过程中就会得心应手，屡次获得进步和成功，就会喜欢上亲自动手实践。

让孩子学会管理自己

孩子学会自我管理，才会懂得自控、忍耐，做事有条理，能够独立自主地生活，可以管理好自己的情绪，成为一个责任心强、有自信的人。

范虹明年就要上初中了，可是不论在生活中，还是在学习上，她都是个让爸爸很担心的孩子。到现在，范虹从没有洗过一次衣服，学习计划、作业检查一般也都是爸爸代劳。爸爸意识到范虹必须要学会自我管理，才能适应初中的学习生活。

因此，爸爸刻意将生活中的小事交给范虹自己完成。他让范虹自己学洗衣服、叠衣服。在学习上，爸爸也不再插手，目的就是为了使孩子养成自己管理自己学习的好习惯。

最初，范虹无法做到管理好自己，在爸爸给她讲清了其中的利害关系以及今后她将面对的生活后，范虹意识到了管理自己的重要性。在爸爸的帮助下，上初中之前，范虹就学会了自我管理。对此，爸爸很欣慰。

孩子学会自我管理，才能主动、自觉地打理好自己的生活。孩子要学会管理好自己的时间、物品，把各项任务安排得条理分明，最终实现独立、自主、高效的生活。

孩子具备良好的自我管理能力，无论是在学业上还是在生活中，都能表现得更优秀。这类孩子具有良好的生活习惯和明确的学习计划，会合理地分配自己的时间。他们会近乎顽固地坚持理想，过着高效、自律的生活。

自我管理能力是孩子终身的财富。孩子可以将有限的生命，投入到最有价值的劳动中。生活中许多成功者，外人看来他们无往不利，其实奥秘就在于高效的自我管理。

爸爸要注意从小培养孩子的自我管理能力，让孩子学会生活自理，有效分配时间，做到常组织、常整顿、常清洁、常规范、常自律。孩子时刻这样要求自己，一定能提升自我管理能力。

孩子学会了自我管理，也就学会了对自己的行为负责，不断发掘自己的才能，朝着自己的理想大踏步地前进。

1. 教孩子学会选择和抛弃

孩子要学会自我管理，就要先学会选择和放弃。无论是对于学习任务，还是生活物品、行动计划及目标等，都要奉行：一线事物是目前最需要的，而对处于二线的事物，应当果断地放弃。孩子必须将最佳的精力、时间，投入到最需要付出的事情上，这样才能获取最大的成功。

孩子在自我管理的过程中，要学会组织好自己周围的事物，学会做出最佳的选择，这样才能更快地走向成功。

2. 教孩子合理划分"时间蛋糕"

孩子要学会分配时间，对生活中的每件事情需要投入多少时间要有规划，根据自己状态适当调整投入时间与完成的先后顺序，以便最有效地利用时间。

马上就要过周末了，陈莲列出一张清单：去书店买《皮皮熊》，找刘老师学画，和刘莉去建宁公园……这些就是她在两天里要完成的事。

陈莲的这个习惯是跟爸爸学的。她第一次能够自由支配双休日时，不知道如何分配时间。爸爸教给她列清单的方法，把所有要做的事情列出来，然后划定时间，一件一件完成，就可以清楚有序地安排好周末了。

孩子要学会自我管理，就要先学会规划。时间就像一块蛋糕，爸爸要教孩子合理地分配每一块蛋糕。会分配时间，孩子才能条理分明地安排好生活。

3. 教会孩子保持"清洁"

孩子在自我管理中，要注意保持"清洁"。首先，要保持个人清洁，孩子有责任及义务每天保持身体及衣服的清洁；其次，孩子要协助维持家庭环境的清洁。这样一来，孩子就要学会自理，学会分担家务。

王森的爸爸要求他从小学会自我检查。他的面部、手部、衣服、鞋袜等，都要保持一定的清洁度。王森为了达到标准，养成了"爱清洁，讲卫生"的好习惯。勤洗手、勤洗脸、保持衣物的整洁这些事情，他从三岁至七岁就逐渐实现了自理。

王森的卧室是自己打理的，上小学三年级后，他参加了轮流拖地的家务劳动。每次家庭大扫除，王森都是主力成员。王森的生活自理能力很强，他喜欢劳动，爸爸对他的表现时常给予鼓励。

孩子在保持"清洁"的过程中，学会了自理及承担适量的家务。孩子在自理及承担家务过程中习得的技能和养成的习惯，会让他早日摆脱对父母的依赖，学会独立、自主地生活。

4. 教会孩子遵守规范和秩序

规范和秩序是用来保证社会正常、有序运转的。孩子想要成功地融入社会，就要清楚了解这些规范和秩序。孩子要具备优异的自我管理能力，也必须将规范和秩序了然于心。一个遵守规范和秩序的孩子，才能融入有序的社会，而不出现大的差错及失误。

培养孩子独立性格

孩子具有独立的性格，才能够更快地适应独立的生活。要让孩子放弃对父母的依赖，就要注重独立性格的培养。一个自信、独立、勇敢的孩子，能更好地承受挫折，走向成功。

刘菲最害怕一个人在家，如果遇到意外情况，她就手足无措，不知道怎么办好。每次和爸爸上街，她总喜欢被牵着走。爸爸让她挑玩具，她会说："你觉得哪个好呢？"爸爸觉察到女儿对自己太依赖，独立性太差。

一天，刘菲要去买存钱罐。她问爸爸："是买粉色的，还是蓝色的呢？"爸爸说："你自己决定吧，以后，只要是你买的东西，都要自己决定。"

爸爸还鼓励她自己整理房间，打扫卫生，种花……刘菲现在独立多了，能自己洗衣服，会用电饭煲煮饭了，一个人在家时也能照顾好自己。

独立的性格是孩子学会独立、自主生活的关键。喜欢依赖人，不能承担责任，不会独立思考，这些性格特点都会对孩子今后的发展产生影响。

爸爸希望孩子有个美好的未来，就不能事事都满足孩子。因为这样，容易让孩子产生依赖，使孩子无法自主、独立地做事情。这类孩子害怕遭遇挫折、承受压力，害怕尝试新事物，无法面对突发事件及变故。

培养孩子独立的性格，需要爸爸先学会放手。爸爸应该试着让孩子承担一些在他能力范围之内的事。爸爸不要怕让孩子吃苦，因为这样孩子才能早日独立、自主地生活。

孩子缺乏独立的个性，主要是由于被过度保护。爸爸是孩子最强大的保护伞，孩子只要遇到困难，就想寻求庇护。孩子在过度保护下失去了自我判断能力、自我抉择能力、自我思考能力，进入社会后，也会遭遇到重重困难。

最听爸爸话的孩子，并不是最好的孩子。爸爸不要随意插手孩子的事，要把判断和选择的权利交还给孩子。

1. 允许孩子不"听话"、不"讲理"

爸爸要允许孩子不"听话"、不"讲理"。孩子不愿意服从爸爸的指令时，表示孩子具备了独立思考的能力，爸爸要鼓励孩子说出自己的想法。孩子的意愿只要可行，就应按他们的意愿来。爸爸放手、放权才能培养出性格独立的孩子。

孩子不"讲理"时，爸爸就要反思自己说的是孩子想要的吗。一个事事都听爸爸话的孩子，多半是在盲从爸爸的意见，并不值得夸赞。

2. 孩子越大，爸爸定的规矩要越少

培养孩子的独立性格，不能规矩森严。孩子想要获得独立性格，需要更多的自由。爸爸总是定规矩，孩子的个性就会被束缚。

陈沃有很多自主权。他上小学时，爸爸只给了他一个规定：做完作业再玩。他很自觉，每天都按规定来做。陈沃在小学时，学会了自主学习。长大后，爸爸给他定的规矩也越来越少。初中时，爸爸对他说："照顾好自己。"陈沃也做得很好。

爸爸并没有严格管制他，但他却成了别人眼中的优秀孩子。他有自己的特长：画画。他品学兼优，给人最深刻的印象是独立。无论是生活，还是学习，他都能打理得井井有条。

孩子要独立，就得多一些个人空间。爸爸减少规定，就会让孩子拥有更多的自由。自由的氛围最利于孩子"自我"即"独立性"的发展。

3. 让孩子学会自觉、自律

独立的个性能让孩子更积极地管理自己。孩子必须摆脱被动地听话，等着他人来帮自己做决定。不具有独立性的孩子，无法自觉、自律地生活，长大后会被社会淘汰。爸爸要让孩子学会"自己的事情自己负责、自己解决，积极地管理自己"。

一个具备独立个性的孩子，不需要"他律"就能"自律"。孩子学会"自律"，才能更加独立、自主地选择适合自己的生活

方式。

4.不随意插手孩子的"个人事务"

对孩子的"个人事务"，爸爸要鼓励孩子自行解决，别随意插手。孩子的选择会有幼稚、不完善的地方，但爸爸要清楚，再不成熟的决定，也是孩子自己的决定。孩子需要这种自我选择、自行决断的机会。孩子会在失败中走向成熟，独立性也会得到提升。

刘茵今天和毛毛因为争抢玩具打架了。回家后，她向爸爸哭诉。爸爸说："毛毛是你的朋友，这是你们之间的事，你自己去解决好吗？爸爸帮不了你。"

刘茵说："我不知道怎么办，你给我点儿建议吧。"爸爸还是摇头拒绝了。第二天，刘茵见到毛毛后主动让出玩具，两个人又和好了。

放手让孩子自己解决困难

据一份调查问卷显示：当问到"如果遇到困难或麻烦，你会怎么做"这个问题时，有70%的学生选择了"找父母或其他人帮忙"，而只有30%的学生选择了"自己解决困难"。

看到这样的调查结果，相信很多爸爸都会很吃惊。

事实上，我国现在很多家庭都只有一个孩子，几代人围着一个孩子转，对孩子关心备至，呵护有加，孩子可以说是集万千宠爱于一身。慢慢地，孩子就养成了"靠父母、靠老师、靠别人"的坏习惯。

而对于孩子来说，爸爸就是"能者"与"权威"。所以，当孩子遇到困难或麻烦时，更多时候是向爸爸"求救"，而大部分爸爸也很积极、努力地帮孩子排忧解难，代替孩子解决问题。

其实，爸爸的这种做法不是在为孩子排忧解难，而是在"添忧加难"。因为你帮得了孩子一时，却帮不了孩子一世。孩子会因此丧失独立解决问题的能力，将来走向社会就会很被动、很吃力。

我国著名教育家孙蒲远说过："关心孩子是必要的，但若把他前进道路上的石块全部清扫干净，把坑坑洼洼全部垫平，他可能暂时平平安安，但同时也失去了走坎坷道路的能力。"

所以，爸爸不要总是对孩子"大包大揽"，代替孩子解决问题，而应该合理引导，使孩子逐步掌握独立解决问题与战胜困难的能力。

1. 培养孩子独立自主的习惯

八岁的小博经常很晚才起床，每天闹钟响了好几次，他就是不肯起床。所以，妈妈每天都得叫小博起床。

久而久之，小博越起越晚，并且经常装病不去上学。爸爸意识到事态的严重性，于是对小博说："小博，上学是你自己的事情。我已经跟妈妈说了，她以后不会再叫你起床了。从今天开始，几点起床由你自己决定，自己负责。要是因为迟到被老师批评，只能怪你自己。"

第二天，小博还是起晚了，被老师批评了一顿。但是第三天，他比妈妈起得都早。从此以后，他就养成了独立起床的习惯。

我国著名教育家陈鹤琴说："凡是儿童自己能够做到的，就应该让他自己做；凡是儿童自己能够想到的，就应该去让他自己想。"

在日常生活中，爸爸要学会适时放手，多给孩子一些独立实践的机会，如起床、吃饭、穿衣服、做作业……并适当地让他承担一些责任与后果，他就会从中获得某种启示与激励，也会慢慢地养成独立解决问题的习惯。

2. 培养孩子解决问题的能力

上小学二年级的小振问爸爸："爸爸，1000乘以1000等于多少？"

爸爸没有直接告诉孩子答案，而是说："孩子，这个也可以这样算，100乘以100乘以10乘以10，这样我想你就会很轻松地得到答案了。"

结果，小振很快就算出了得数。

爸爸说："当再遇到这种问题时，你会算了吗？"

小振骄傲地说："会了，爸爸！"

中国有句古话："授人以鱼，不如授之以渔。"授人以鱼只救一时之急，授人以渔则可解一生之需。这句话用在教育孩子的问题上，就是传授给孩子知识，不如传授给孩子学习知识的方法。

面对小振的问题，爸爸并没有直接给出答案，而是教给了他解决这类问题的方法。这样，小振在不知不觉中就具备了解决这类问题的能力，以后再遇到这种问题，他就会自己解决了。

3. 鼓励孩子直面困难

孩子正处于不断探索、学习、进步的阶段。在不断充实自我的过程中，会遇到各种各样的困难与问题，并且随着孩子的不断成长，他遇到问题的次数及难度也逐渐增加。此时，就需要爸爸表示出相应的支持与鼓励，帮助孩子更好地解决问题，使他勇于直面困难。

11岁的小兴问爸爸："爸爸，这道题怎么做？"

爸爸说："你再仔细想想！爸爸相信你一定能做好的。"

小兴做了两遍，说："还是不行。"

爸爸说："这样，你把问题仔细读两遍，看看忽略了什么要求。没事的，别灰心，你一定能找出答案的。"

小兴又读了两遍题，发现忽略了一个重要的细节。这一次，他终于找到了答案。

在这个案例中，小兴的爸爸就是通过鼓励孩子的方式，最终帮助孩子找出了答案。其实，不仅在学习上，在日常生活中，爸爸也可以鼓励孩子直面问题与困难。比如，孩子摔倒时，爸爸鼓励孩子自己爬起来；孩子的衣服脏了，爸爸鼓励孩子自己洗……

培养孩子正确的金钱观

王建军是家里的独生子，父母对他十分娇惯，从小他的零花钱就比一般孩子的多。爸爸没有指导王建军如何正确消费，结果导致他花钱大手大脚，并且喜欢与其他同学攀比，吃的方面最奢侈，花的方面最大方，而学习成绩却最糟糕。

后来，王建军因成绩不好辍学，他就天天泡在网吧里打游戏，饿了就在网吧里买东西吃。爸爸所在的企业倒闭后，家里没有了更多的收入，对王建军的零花钱也开始限制。但此时王建军已经养成了花钱大手大脚的恶习，手中没钱了就去偷，最后被警察抓住，送进了少年劳改所。

金钱是我们生活的重要组成部分，在如今的商品社会中，孩子不可避免地要与金钱打交道，帮助孩子树立正确的金钱观宜早不宜迟。从小受到良好金钱教育的孩子长大成人后对金钱会抱有正常的心态，能妥善处理好人与金钱之间的关系。

一些人把金钱看得重于一切，为了追逐金钱而丧失道德良知，做一些损人利己的勾当；也有的人把金钱看得很轻，认为它是身外之物，不值一提，结果年纪一大把却身无分文，一辈子过着穷困潦倒的生活。这两种金钱观都不值得提倡。还有的人有了钱就大肆挥霍，没有钱就去偷去抢，结果走向犯罪道路被法律制裁，后悔莫及。这种金钱观更是要唾弃。

为了避免孩子将来出现以上状况，爸爸需要尽早帮助孩子树立正确的金钱观，让孩子既认识到金钱的重要作用，同时也要使孩子明白金钱并非万能，更不能因此为非作歹。

正确的金钱观能够引导孩子通过正当的劳动去赚取金钱，让孩子明白金钱来之不易，有利于孩子养成节俭的习惯，从而帮助孩子积聚钱财，让钱生钱，为孩子将来拥有更加优质的生活打下基础。

1. 教孩子认识钱币及其用途

在孩子年纪小时，爸爸可以通过游戏让孩子认识钱币的面值。当孩子稍大一些以后，可以带他去购物，和他讨论所购商品的价格，让孩子了解如何找零钱，学会比较商品的价格。

2. 让孩子认识金钱的真正意义

钱财实质上只是一个解决生活问题的媒介，本身并没有特殊之处。虽然很多商品需要钱财去换取，但它并不是万能的。

飞飞考了双百，他十分高兴，回到家自豪地告诉了父母。飞飞的妈妈对儿子的成绩很满意，就奖励孩子50元钱，还告诉孩子下次再考双百，奖励就加倍。

飞飞的爸爸看到了，把孩子叫到身边说："考了双百，说明你掌握了知识，打下了牢固的基础，对你将来会有好处，这本身就是件值得高兴的事情。虽然妈妈因此奖励你金钱，但你不要以此为目的才去好好学习。"飞飞听后点了点头，把妈妈奖励的钱又还了回去。

如果拿钱作为奖励孩子的手段，很容易导致孩子对钱财盲目崇拜，从而忽略做事的真正目的，这样做会得不偿失。

3. 告诉孩子钱财要靠劳动获得

很多孩子一旦没有钱了，就会伸手向爸爸要，不明白挣钱的辛苦，因此会花得十分轻松。

孙鼎盛是小学三年级的学生，别看年纪不大，花钱却如流水。孙鼎盛的爸爸是做生意的，平常陪伴在孩子身边的时间少，为了弥补心中的亏欠，就尽量满足孩子在金钱方面的需求。孙鼎盛不知道爸爸挣钱的辛苦，花起钱来也没有什么约束。

孙鼎盛的生日就要到了，他想请所有的同学去大吃一顿，张口就向爸爸要1000元钱。此时，爸爸才意识到孩子太铺张浪费了，后悔以前没有约束孩子的花费。

爸爸需要尽早让孩子知道自己挣钱的不易，有机会让孩子也亲身体验一下劳动的辛苦，并且给孩子灌输劳动光荣的道理，教孩子学会自己挣钱，这些都有利于孩子形成正确的金钱观。

4.帮孩子养成勤俭节约的习惯

任何时期，不论贫富，爸爸都要教育孩子养成勤俭节约的好习惯。让孩子从身边的小事做起，比如节约水电，不铺张浪费，不与别人攀比，把钱花在正当的地方，等等。孩子有了这样的美德与行为后，钱财就能够积少成多。

5.提高孩子自主理财的能力

培养孩子正确的理财观念，需要不断地实际操作。爸爸可以给孩子一些零花钱，让孩子自由支配，教孩子有计划地花钱，学会储蓄，不受广告诱惑，合理消费，学着投资，等等。一旦孩子行为出现偏颇，爸爸要及时给予指导。

久而久之，孩子正确的金钱观念就会体现在行为上，理财能力也会得到大幅度提高。

坚强的孩子可以承受风雨

在困难挫折面前，只有坚强的人才能坚持下来，并且通过不断地努力最终实现自己的人生目标。没有坚强品质的人无法承受任何风雨。

卫风上小学三年级了，是家里的"小皇帝"。由于家庭条件比较好，妈妈没有参加工作，每天在家里围着卫风转，他的任何要求都能得到及时的满足。但在学校里，事情就不是那么容易了。卫风很想当班长，可是这要靠优秀的学习成绩和良好的品质才能得到大家的拥护，才能被选上。

班里开始竞选班长了，卫风投了自己一票，结果他就只得了一票。他非常沮丧，不再和同学说话，总是低着头走路，情绪变得很低落。爸爸看到孩子这样非常着急，知道平时太宠他了，使他没有遭受过任何打击，一点儿耐挫力都没有，坚强的性格更是没有培养出来。

孩子的成长不可能一帆风顺，期间总会遇到各种各样的困难和挫折。懦弱的孩子在困难和挫折面前会不知所措，自我否定，向困难挫折低头投降；坚强的孩子能正视挫折，勇于挑战，战胜自我，最终战胜一切困难，取得胜利。

坚强是一个人最宝贵的性格，坚强就像人的脊梁，如果没有脊梁作为支撑，人就无法站起来。人生没有坚强作为支柱，将永远与失败为伍，做不成任何事情。

培养孩子坚强的性格并非一朝一夕之功。孩子在成长过程中要经历很多打击、挫败，如果爸爸一直陪在孩子身边，鼓励孩子正视挫折，勇于挑战，帮助孩子增强信心，坚持努力，坚强的性格就会逐步形成。

现代的孩子生活条件比较优越，没接受过艰苦环境的锻炼。再加上父母祖辈疼爱有加，不忍让孩子去吃苦，所以孩子经受的磨难挫折比较少。培养孩子坚强性格的条件受到限制，因此很多孩子都没有养成坚强的性格。

爸爸在磨炼孩子坚强意志方面具有很大责任。无论从行动上还是语言上，爸爸都应该有意识地让孩子认为自己是个坚强的男孩或女孩，让孩子形成不怕困难、失败，勇往直前的拼搏精神。

1. 不要把孩子当弱者看待

慧明小时候想要做什么事，爸爸总会说："这个你不行，让我来。"慧明就会悻悻地走开。后来有一次家里的灯泡坏了，爸爸对慧明说："灯泡坏了，抽屉里有一个，你去换上吧。"慧明拿着灯泡递给爸爸说："这个我不行，没换过，你来吧。"

爸爸看了他半天说："你都初中了，连个灯泡都不会换吗？"慧明怯懦地说："你总是说我不行，我又没换过，电着我怎么办？"爸爸这才幡然醒悟，原来自己无意识的言行已经给孩子的心理造成了负面影响。

爸爸在培养孩子的过程中，要有意识地夸赞孩子，让他在心里形成一种认识："我能行"，并且适当让孩子去尝试。

2. 让孩子不要惧怕失败

只要有竞争就会有胜败，胜败乃兵家常事。坚强的孩子不会被失败吓倒，而是把失败看成下一次成功的起点。爸爸也要把孩子的每一次失败当成培养其坚强性格的契机，要帮孩子分析失败的原因，为下一次竞争做好准备。

迟晓乐参加学校举办的演讲比赛，失败了，只得了第七名，他回到家一脸沮丧。晓乐和爸爸说了这件事，认为自己很丢人，说以后再也不参加了。爸爸说："失败没有什么好丢人的，你也不要有自卑的想法。我们来分析一下失败的原因，这次吸取教训，下次多加注意就能取得成功了。"

晓乐说："我上台有点儿紧张，有一两个字念错了。"

爸爸说："有了这次的经验，以后再上台就不会紧张了，台下做好充分准备，台上就能发挥自如了。"

晓乐点点头。

爸爸要告诉孩子，失败并不可怕，可怕的是被失败吓倒。并引导孩子正确看待失败，从失败中吸取教训，促成下一次的进步，让孩子养成锲而不舍的坚韧性格。

3. 多带孩子参加锻炼意志的活动

有耐性的活动能锻炼孩子坚强的意志。让孩子多参加一些锻炼意志的活动，在活动中培养孩子坚强的品格。比如坚持长跑、爬山等，在活动中让孩子坚持到底，不能半途而废。

爸爸应该根据孩子的性格特点，经常陪孩子进行户外运动，如爬爬山、跑跑步，锻炼孩子的耐力，让孩子学会坚持。还可以鼓励孩子参加学校举行的运动会，报一两个项目，以此为目标而坚持锻炼。

带孩子走出"习得性无助"的阴影

张涛现在是小学六年级的学生，马上就要小学毕业了。一次智力测验的结果表明，他的智力属于中上水平。张涛的父亲反映，小学一年级的时候，张涛的成绩还可以，但是到二、三年级时，成绩一直不好。到了四年级以后，张涛对学习就完全持无所谓的态度了，父母、老师责备也好，好言相劝也好，就是推不动他。他似乎对学习、对自己的成绩以及对老师、家长的批评都无所谓了。

张涛的爸爸很着急。他爸爸说："现在我们最着急的倒不是他的成绩，而是他的态度。平时成绩不及格或挨老师批评的时候，我们看不出他有任何着急或者不好意思；偶尔，他表现出一点儿进步，我们也会表扬他。可是，你表扬他时，他也不会表现出任何高兴的样子，整个一副无动于衷的样子。"

这名叫张涛的学生是得了"习得性无助"，即指因为重复失败或惩罚而造成的听任摆布的行为。张涛失败不是由于自己缺乏能力，而是由于心理上的原因，不愿付出努力而屡遭失败。

那么，孩子的这种"习得性无助"是如何发展起来的？原因大致有三：

一是重复失败的经历，可能使孩子感到自己永远也走不出失败了。大多数孩子刚上学时，对学校生活是充满热情的。但是，孩子一次又一次地没有达到目标，他就可能体会到了挫折，会感到自己对生活和环境、对自己的学业都是无能为力的，不论他们如何努力，也无法改变自己的命运。久而久之，他们就会体会到无助感并且放弃努力。

二是对成功和失败的不正确归因，也会导致"习得性无助"的形成。有"习得性无助"的孩子与其他孩子有一个明显的差别，那就是他们对自己的成功有一种"宿命"的观点，感到成功与失败不是自己能够决定和改变的，而是由外部的、自己无法控制的因素决定的。

三是来自父母、教师等重要人物的不良评价会加重孩子的"习得性无助"。

父母可能会这样对孩子说：

"连这个都不会，你真笨。"

"我看你是无可救药了。"

"你这种成绩，真把我的脸都丢尽了。"

"你看隔壁家的津津，你为什么就不能像他一样？"

无疑，这些都是令人泄气的评价。孩子的思维是非常简单具体的，他们会相信成人说的话。如果父母说他笨，孩子可能就会信以为真，认为自己不聪明。

总之，父母、老师的消极评价会大大打击孩子的自尊心，使孩子对自己丧失信心，使他们怀疑自己的价值。

让孩子获得成功体验是帮助孩子走出"失败怪圈"的重要方法。

1. 帮助孩子处理可能的障碍

孩子在学习的路上可能会遇到许多障碍。比如，知识的学习是积累性的，以前学习的遗漏和问题会影响以后的学习。因此，要想获得成功，除了要学好现在的知识以外，还要对以前缺漏的知识进行弥补。爸爸可以想办法帮助孩子弥补知识的缺漏，帮助孩子排除知识缺漏问题。

2. 将孩子置于他容易取得成功的地方

孩子学习成绩差可能是普遍性的。如果要求孩子在短时期内将各门功课都赶上来，可能会很困难，而且容易引起孩子的畏难情绪。因此，爸爸可以帮助孩子找到一门他比较感兴趣的学科，集中精力学好这一门学科，以此为突破口，让孩子感受到成功的乐趣和自身能力的提高。

3. 采取小步子前进的策略

成绩一直不好的学生是很难"一口吃成一个胖子"的。爸爸可以指导孩子将目标分解成一个个较容易达成的小目标，这样每达成一个小目标就是一次胜利，从而让孩子一直带着胜利的喜悦去攻克最终的大目标。

4. 掌握积极的归因模式

成绩水平相同的学生，可以有不同的成功期望。原因之一是他们对过去成功和失败有不同的理解，做出了不同的归因。

一个将成功归因于能力的人，可能希望再成功，在遇到困难时，会表现出对任务的坚持性。

一个将失败归因于能力或任务困难的人，可能只有较低的期望，容易放弃，或者将来选择较低水平的追求。

一个将失败归因于缺乏努力的人，可能下次较为努力。

因此，爸爸应教导孩子将成功归因于自己的能力，将失败归因于缺乏努力等自己能控制的因素，这样才有助于保持孩子积极的学习态度和动机，培养他们的学习自信心，提高他们的学习成绩。

5. 让孩子感觉到自己的价值

处于"习得性无助"的孩子往往有一种看法，认为父母、老师把他同他的行为表现结果等同起来。孩子会认为自己的价值完全取决于自己的行为表现，他们会认为只有成功的人、学习成绩好的人才是有价值的，而自己的成绩总是不好，因此毫无价值。因此，爸爸要从多方面肯定孩子，让孩子感觉到自己的价值。

6. 称赞孩子的优秀品质

这等于向孩子暗示：父母看重他，不仅仅是因为他在学校的成绩；即使他学习成绩下降，他还有许多难得可贵的优秀品质，有自己的价值。

7. 保持对孩子的期望

在孩子多次失败后，许多爸爸会对孩子丧失信心，对孩子的期望和要求随之降低。实际上，爸爸对孩子的能力的认识和期望，会直接影响孩子的自信和成功期望。爸爸的低要求和低期望是不相信孩子能力的表现；相反，爸爸适当的期望能为孩子提供一种信任感，也能让孩子感到一种胜任感，从而使他今后更加努力。

8. 鼓励孩子的课外兴趣

对于学习成绩不佳的孩子，很多爸爸会心急，将孩子牢牢地"钉"在功课上，完全剥夺孩子开展"课外兴趣"的时间和权利。殊不知，鼓励孩子参与课外兴趣活动，既可以使孩子多一条"成功之路"，多一个发挥才能的领域，同时也是爸爸"爱心"的体现。孩子会觉得尽管自己学习成绩不好，但爸爸还支持他的课外兴趣，表明爸爸并没有对他全面丧失信心，也表明爸爸还是爱他的。

9. 做善于评价的爸爸

爸爸对孩子的评价会极大地影响孩子的自尊心和自信心，善于评价孩子的爸爸可以避免孩子进入"习得性无助"的状态。爸爸要对孩子的每一点进步都表示赞赏和鼓励。在评价孩子学习的时候，更多地注重对学习过程的评价而不是只看重结果。评价孩子时采用个人标准而不是集体标准。拿孩子的现在跟过去相比，而不是拿孩子与其他孩子相比。

◇ 好爸爸教孩子学会自立自强 ◇

来，咱们一起修，不学的话，你永远都不会。

爸爸，我的航模摔坏了，你帮我修修吧。

你要学会用时间清单，把第二天要做的事情都列在上面。

明天是周日，我不知道该先做什么。

爸爸要不时地将各种生活、劳动技能传授给孩子。当孩子掌握了娴熟的技术，在实践过程中就会得心应手，就会喜欢上亲自动手实践。

时间就像一块蛋糕，爸爸要教孩子合理地分配每一块蛋糕。会分配时间，孩子才能条理分明地安排好生活。

你是大孩子了，以后你要买的东西，都由你来决定。

爸爸，我是买粉色的还是蓝色的呢？

爸爸不要随意插手孩子的事，要把判断和选择的权利交还给孩子。

好爸爸日常家教演练

1. 你会特意要求孩子自己做一些他力所能及的事情吗？

_____

_____

2. 当孩子不会时间管理、办事拖拉时，你能采取何种方式帮孩子
   学会时间管理？

_____

_____

3. 你会无休止地满足孩子的各种愿望吗？

_____

_____

4. 当孩子的想法和你产生分歧时，你会怎么做？

_____

_____

5. 当孩子遇到困难时，你是大包大揽帮他解决还是先让他自己思
   考解决的方法？

_____

_____

_____

第六章

高情商：

好爸爸能让孩子拥有好性情

帮孩子建立健全的人格

　　什么是人格？简单地说，每个人的行为、心理都有一些特征，这些特征的总和就是人格。健全的人格是指能比较客观地认识自我和外部世界，对所承担的学习和其他活动有胜任感，能充分发挥自身潜能，对父母、朋友有显示爱的能力，有安全感，喜欢创造，有能力管理自己的生活，有自由感，等等。如果孩子乐观自信，不怕失败，活跃而有创造力，我们就可以说："这个孩子具有健全的人格。"在未来竞争激烈的社会环境中，健全的人格是孩子获得成功的重要保障。

　　如何将孩子培养成才是众多家长关心的头等大事，而在培养孩子的过程中，培养健全的人格最为重要。

　　天天已经高职毕业参加工作了。虽然天天并没有考上理想的大学，但是他为人非常正直，社会交往和生活自立能力很强，又不乏上进心，一家三口亲密无间，其乐融融。也许在其他家长的眼里，天天没有考上大学，是失败者，但天天的爸爸从不这么认为。他认为："教育孩子，没有什么比培养他健全的人格更重要的。"现在，在教育子女方面，很多家长都遵从"读书至上"，在他们眼里只有分数，这其实是很大的误区。如今是个多样化的社会，条条大路通罗马，只要自己努力，都有成功的机会。

天天的爸爸说，天天读高中时，和天天交谈，天天满嘴都是网络术语和影视明星，滔滔不绝。他听不懂，就买来杂志图书学习，慢慢地与儿子共同话题多了起来。他从来不反对儿子打游戏、聊天，但也时刻提醒要适可而止，不能耽误学业。正是在这样的循循诱导下，天天从来不去外面偷着打游戏、上网，有时在家上网还拉着爸爸一起浏览、聊天，把自己的网友、同学介绍给他。"在别人眼里，我们父子就像是亲密无间的兄弟，我身边很多同事都羡慕不已。"

让天天的爸爸更感动的是，天天现在独自在外工作，吃住都在建筑工地，但他从未有半句怨言，偶尔回一次家就抢着帮妈妈洗碗、打扫卫生。天天现在也意识到学历不够，一边参加专业培训，一边自学大专教材，非常刻苦。

孩子从小就需要培养独立意识。在保证孩子安全的前提下，其他生活上的事，如游玩、学习都应由孩子自理、自主、自我选择，父母只要做好监督工作，负责偶尔提醒和参谋就可以了。

不同的教育方法产生不同的结果，这让人想起爱因斯坦的那句名言："单单教给年轻人一门专业是不够的，这样的教育最多只能培养一名有用的机器，最重要的是培养年轻人的人格。"如果孩子没有了健全的人格，即使成"才"了，也很可能发生各种问题。健全的人格是一个孩子可持续发展的基石。所以，作为爸爸，帮助孩子塑造健全的人格才是培养孩子的重中之重，那么要如何做呢？主要有以下几个方面：

1. 引导孩子树立正确的人生观、世界观

现在，有一些孩子只知道学习，但不知道为何而学。作为爸爸，应当帮助孩子树立正确的人生观和世界观。让孩子树立对人生、对社会的正确看法有助于孩子树立远大的理想和崇高的目标。

2. 培养孩子的自信心

自信就是相信自己的潜能，它是成就一切事业的根基。任何父母都不能陪伴孩子一生，孩子总有不得不独立面对生活的一天。生活中难免遇到各种波折，失败后能否站起来，是对一个人信心的挑战。一个人要想有所成就，就必须有战胜困难的勇气。没有乐观自信的生活态度和坚毅的品质，困难就不会成为通向成功的财富。

在培养孩子自信心的过程中，爸爸首先要善于发现孩子的优点并及时夸奖。孩子的成长需要夸奖，需要鼓励，而父母的夸奖和鼓励能坚定孩子的信心。夸奖不是恭维孩子，而是一种教育方法。其次，爸爸要"扬善于公堂，规过于私室"，避免当众打骂孩子，爱护孩子的自尊心。除此之外，爸爸还要重视给予孩子挫折教育。当孩子失败时，要发现他的闪光点，鼓励他重拾信心，战胜困难。当他通过努力做好了原来没有做好的事情时，自信心就会大大增强。

3. 培养孩子的诚信、爱心和责任心

诚信是人的立身之本，是道德的根基。一个言而无信的人，没有人会喜欢和他交往，也没有人愿意与他共事。孩子不是生来就会撒谎，说谎的重要原因之一是受到父母的不良影响，或者是父母对孩子不守信用，或者是孩子害怕说真话受到父母责骂，也或者只是孩子即兴而为。孩子说了谎，父母首先要从自身找原因，看看是不是自己出了问题；孩子说了真话，即使犯了错误，也要给予适当的肯定。

在培养孩子的爱心方面，许多父母可能都有这样的体会，自己为了孩子什么苦都吃了，什么罪也都受了，可孩子到头来却毫不领情。造成这种情况的原因之一就是许多父母光知道给予孩子无私无尽的爱，却忘了教育孩子学会爱别人。因此，爸爸平时不可以无原则地满足孩子的各种要求，要让孩子学着孝敬老人，关心他人，帮助需要帮助的人，在孩子的心灵播下爱的种子。

一个对自己、对家庭、对社会负责任的人才是一名合格的公民。孩子的责任感要从小培养，比如让孩子尽早学会自己照顾自己，让他养成做完作业自己检查的习惯，让他犯了错误要勇于承担责任，等等。这对孩子自我管理、自我约束的培养十分重要。

让孩子拥有良好心态

在每个人的人生经历中，都不可能"万事如意""心想事成"，反而时常会"事与愿违"。因此，要始终保持一颗平常心，要有经受成败、得失、宠辱、苦乐的准备，因为这些都是生命中不可或缺的。保持一颗平常心是一种人生态度，是一种坦然豁达的品质，是一种自信和成熟。

健康的心理是一个正常人应当具备的基本素质，也是取得成功的前提和保证。而健康的心理的表现就是要求人们在平时的学习和生活中，要拥有一颗平常心和一种豁达乐观的心态。

现在有些孩子长期生活在父母的庇护下，有的好高骛远，爱慕虚荣；有的遇到困难就灰心丧气，易情绪化；有的以自我为中心，自私自利，不为他人着想。因此，家长要及时帮助孩子发现自己的不足，以便他们正确看待自己、纠正不足，从而促进心理健康成长。

乐观就是以宽容、接纳、愉悦、积极的心态去看待周边的现实世界，它能很好地促进人的身心发展。乐观不仅是一种良好的心态，实际上更是一种心理免疫力，可以帮助人们抵御生活中的困难。

乐观的人极少患忧郁症，在学习和工作中都容易成功，他们的身体比悲观者更健康。乐观的人多数是自爱、自信的，自我控制能力强且性格外向，容易和他人交往。

最开始，人与人之间只有很小的差别，但是久而久之，这种很小的差别却能造成巨大的差异！很小的差别就是所具备的心态是积极的还是消极的，巨大的差异就是成功和失败。一个人如果一直保持积极的心态，那么他一定会得到幸福，也就是说，心态决定成败。

当孩子学会用乐观积极的心态对待生活时，他的未来就会充满灿烂的阳光。所以说，孩子乐观的性格要从小培养，这能让他们受用终身。

了解孩子的个性

　　很多家长喜欢把自己的孩子与别人的孩子作比较，然后分出优劣；或者借鉴优秀孩子的家规家训来教育自己的孩子，其结果往往并不能让人满意。这就像世界上没有两片完全相同的树叶一样，也没有两个个性完全相同的孩子，即使是孪生兄弟或姐妹也是如此。因此，要教育好孩子，就必须遵循孩子自身的个性特点，因材施教。

　　了解孩子的气质特征，是爸爸了解孩子的第一步。当然这里的"气质"与我们日常生活中所说的气质不是一个概念。这是心理学上专用的概念，是指在人的认识、情感、言语、行动中，心理活动发生时力量的强弱、变化的快慢和均衡程度等稳定的人格特征。

　　比如，有的孩子脾气暴躁，容易激动，喜形于色，好表现，爱张扬；有的孩子生性活泼好动，反应快，机智灵敏；有的孩子生性沉着冷静，喜怒不形于色等等。一般来说，每个人的气质是相对稳定的，不易改变的。因此，想要了解孩子，要从了解孩子的气质、特质开始。

下面我们简单说说气质的类型和特征。

古希腊的医生希波克拉底认为，由于人体内四种体液所占的比例不同，形成了人的四种气质类型：胆汁质、多血质、黏液质和抑郁质。人们对孩子气质类型的划分习惯上有两种：一种是按传统的方法来划分，把儿童的气质分为四种——胆汁质（不可遏止型）、多血质（活泼型）、黏液质（安静型）和抑郁质（抑制型）；另外一种分法就是将儿童的气质分成易教养型、难教养型和缓慢活泼型三种。后者比较好理解，也是生活中比较常见的。

易教养型孩子在生活中占的比例比较大，这类孩子生活有规律，活泼好动，容易接受新生事物，较少产生不安的情绪，适应性强，这一类孩子容易教养；难教养型的儿童占儿童总数的一小部分，他们通常生活无规律，适应性差，对外界刺激的反应过于强烈，这类孩子不容易教养；缓慢活泼型儿童其特征介于前两者之间，他们反应缓慢，开始可能不适应，但经过一段时间后，会慢慢适应新环境。爸爸可以参考上面的分类，对照孩子的行为特征进行分析。

当然，对儿童的气质类型进行划分，只是给家长提供了一种客观依据，让家长能够科学地观察、正确地了解孩子的个性特征。千万不能因此而给自己的孩子贴"标签"，那将是非常有害的。

人的气质类型有上述几种，我们不能说哪个气质好，哪个不好。气质并无好坏优劣之分，任何一种气质类型的人通过努力都会获得成功。有人曾经研究过俄国的四位著名文学家——普希金、赫尔岑、克雷洛夫和果戈理，他们就分属于四种不同气质类型——

胆汁质、多血质、黏液质和抑郁质，但他们经过自己的努力，都取得了伟大的成就。所以说，气质只是人的一种稳定的特性，当然它也不是一成不变的，它会随着社会生活条件的改变，特别是教育条件的改变而发生变化。通过后天的努力（特别是学习训练），人们可以弥补自己气质方面的某些不足，只不过这种变化需要一个艰难而又缓慢的过程而已。

总之，让爸爸了解孩子的气质特点，是希望爸爸能够多多观察孩子，科学分析，客观评价，在充分了解和接纳孩子气质特点的基础上，更好地因势利导。

除了气质之外，了解孩子的性格也是爸爸能够与孩子更好沟通的首要条件。

性格是一种较为稳定的具有核心意义的个性心理特征，比如正直、诚实、虚伪等，它是个性心理的重要组成部分。性格与气质不同，它不是天生的，而是在社会生活中逐渐形成的，是一个由低级到高级不断完善的过程。所以，人的性格具有很强的可塑性。当然性格的塑造不是一蹴而就的，同时性格一经形成就具有相对的稳定性。对小学阶段的孩子而言，尽管其性格尚未定型，但是他们彼此之间的个性差异已有相当明显的表现。

一般说来，人们习惯将儿童的性格分成三类：外向易激动型、内向易抑郁型和逆反拒绝型。外向易激动型的孩子活泼好动、反应敏捷，但抑制能力差，没耐性，多动，喜欢变化，爱交往，也好胡闹，做事常虎头蛇尾，不能善始善终，好欺负年龄小的孩子，爱和同龄人争吵打架，不记仇。而内向易抑郁型孩子的表现恰恰与外向易激动型孩子相反，他们不爱说话，不爱交往，容易羞怯，但控制能力强，能长时间将注意力集中于某一事物或活动上，情绪反应稳定，做事有条不紊。这样的孩子朋友少，不太愿意参加集体活动或游戏，不愿与别人争吵打闹，但一朝被别人欺负，会长期记仇。典型的逆反拒绝型的孩子并不多见，但属于逆反拒绝型孩子的某些特点在很多孩子身上都会有所表现。比如，有不少孩子想要什么、想干什么，家长就必须满足，否则就会大闹起来。这就是叛逆拒绝的一种表现。

爸爸在了解孩子的个性心理特征后，首先不要以个人的喜好来判断孩子的个性是好是坏，而是要认真观察、正确了解、仔细分析孩子的个性，最后做到因材施教。这样才能使孩子的个性发展扬长补短，日臻完美。

规划孩子的性格教育

　　顾真是个性格内向的孩子，平时很少和同学交流，身边的朋友也很少。每次看到其他同学在一起嬉闹，她都很羡慕。她也尝试着和同学聊天，可是她不是不知道同学的话题，就是和同学说不到几句话就冷场了。

　　她将自己的困惑告诉了爸爸，爸爸就有意识地开导她，教她学会和人交往，给她买了很多提升交际能力的书籍，带她去亲戚家玩，周末还会邀请小区的孩子来家里做客玩游戏。不知不觉中顾真变得开朗起来了，也有了不少朋友。

　　孩子的性格是复杂多样的，所表现出来的程度也深浅不一。这就需要爸爸在生活细节中发现孩子的性格特点，按照孩子的性格特点来培养孩子。

　　现代医学和心理学表明，性格是心理和大脑功能的表现形式。孩子的性格根据心理素质可分为 A、B、C 三种类型。其主要表现是：A 型性格的孩子争强好胜，说话声音洪亮，走路急促，常有时间紧迫感，心胸狭窄，并具有泛化式敌意心理，往往树敌很多，动辄发火；B型性格者则相反，从容不迫，心胸开朗，与人为善；C型性格者主要表现为内向、缄默和抑郁。其中，孩子最理想的性格是B型性格。

其实孩子属于哪种性格除了受到遗传因素的影响外，也受环境的影响。环境主要是通过家庭、学校、活动圈子来产生作用的。所以，爸爸要尽量为孩子提供一个良好的环境，促使其优良性格的形成。

研究发现，在同样的社会、文化、种族、宗教条件下，性格决定了孩子价值观的形成，其实也就决定了孩子生活、学习和工作中的态度，进而决定了孩子取得成就的大小。爸爸要根据孩子性格的特点来教育孩子，力求帮助孩子完善他们的性格，使孩子取得更大的进步。

1. 认识优良性格对孩子的重要性

优良的性格是孩子树立人生理想、信念的基础，是搞好学习、赢得事业的保证，也是孩子幸福一生的重要保障。生活中的失败者大多存在性格上的缺陷，比如意志力薄弱、优柔寡断、骄傲自大、不思进取等。

耿涛因为在学校门口多次勒索低年级同学而被学校开除，这和他的性格以及爸爸的教育方式不当有很大关系。

耿涛三岁时妈妈就去世了，他和爸爸相依为命。爸爸忙于工作，很少能照顾他，更别提教育他了。耿涛从六岁起就自己照顾自己。他从小性格就孤僻，易怒。由于爸爸不怎么管他，他结交了一些坏朋友，又沾染了许多坏习惯，后来这些坏习惯成了他性格中的一部分。他打架斗殴，不思进取，一步步变成今天的样子。

爸爸的疏于教育，最终导致耿涛现在面临退学的境地。

爸爸要意识到优良的性格对孩子的重要性，将更多的时间放在教育孩子上，以自己的人生阅历和社会经验引导孩子形成良好的性格，以便孩子在人生之路上走得更加顺畅。

2. 了解自己的孩子

爸爸只有了解了孩子，才会为孩子提供更好的教育和帮助。所以，爸爸要细心观察孩子的性格，认识到孩子的优点和缺点，然后采取合适的方法来教育孩子，这样才能使教育效果更加显著。

3. 多教 A 型性格的孩子社交技能

A 型性格的孩子，平时遇事容易紧张，情绪不稳定，常常为了小事和他人大动干戈。在肯定孩子的成绩之余，爸爸要教育孩子从多方面、多角度分析问题，培养他们的个人兴趣和幽默感，减少他们的心理压力。

同时，爸爸还要教给 A 型性格的孩子基本的社交技能和与人相处的能力，让他们学会体谅他人，教导他们善待自己的情感，不要太过计较得失。爸爸身上一般都具备心胸开阔、善于交际的优秀品质，因此爸爸要将这些优秀品质传递给孩子。此外，还可以引导孩子借助爱好来平衡生活。

4.适当赞美B型性格的孩子

B型性格的孩子能很好地发挥自己的潜能，做事有计划、有规律；喜欢与别人交朋友，富有人情味，易与周围的人产生正面互动。他们兴趣广泛，善于表达自己，知道如何吸引他人的注意力，使自己成为受欢迎的人，也更容易取得成功。

爸爸适当的赞美对B型性格的孩子最为奏效，如果再给他们制订一些目标，孩子就会变得更加积极。"金无足赤，人无完人"，即使性格再优秀的孩子也会有这样那样的缺点，爸爸要善于发现孩子的不足，使孩子的性格品质更加完善。

5.鼓励C型性格的孩子与人交往

C型性格的孩子社交能力较弱，大都沉默寡言，不喜欢与人交谈，也不喜欢参加群体活动；感情波动很小；喜欢汲取新知识，花较多时间看书和思考，会将自己的注意力放在自己感兴趣的事物上。

周末，爸爸带姗姗出去玩，在路上遇到了邻居王阿姨，王阿姨直夸姗姗变漂亮了。爸爸让姗姗和阿姨打招呼，姗姗却躲在了爸爸身后，任凭爸爸再怎么说也不肯和王阿姨打招呼，王阿姨只好无趣地走了。

爸爸没有指责姗姗，而是语重心长地告诉她人际交往的重要性，只有变得开朗些，才能良好地与别人沟通，得到别人的理解和尊重。姗姗听懂了爸爸的话。

爸爸要鼓励 C 型性格的孩子主动与人交往，也要肯定孩子的看法以提升其自信心。爸爸要为孩子做好榜样，使自己的交往行为成为孩子学习的榜样，教会孩子交往的方法和处理问题的能力，提高孩子交往的技巧。

宽容的父亲才能教出宽容的孩子

紫矜经常表现出愁眉不展、闷闷不乐的样子。爸爸看到女儿这样也很发愁：女儿一点儿小事都往心里去，以后怎么承担更多、更大的事情呢？对此，爸爸经常开导女儿要学会放下、宽容，不要什么事都斤斤计较。

一次邻居阿姨带孩子来家里玩，小孩不小心把紫矜的玩具弄坏了。阿姨感到很过意不去，说有空到街上再给她买一个。爸爸这时提醒女儿："不要让阿姨买了，自己的玩具还多着哪。"紫矜不情愿地点点头。没想到阿姨晚上送给紫矜一个漂亮的头花，紫矜很喜欢，也觉得有点儿惭愧，从那以后再也不那么小气了。

生活在这个社会里，难免会遇到有人对自己犯下一些错误。那么，怎么样对待这些人和错误呢？爸爸要让孩子明白，明智的做法就是宽容：原谅别人，宽恕别人的过错，学会理解他人。别人无意犯的错，自己没有必要紧揪着不放。孩子学会对别人宽容的同时，也释放了自己的不良情绪。

宽容是一种气度。拥有宽容气度的人，心胸非常开阔，能够以一种包容的眼光看待别人，懂得替别人着想，因此能获得良好的人际关系。如果不能宽容别人，就会使误解和积怨越来越深，从而使自己到处树敌。

人非圣贤，孰能无过。自己也会犯错误，如果别人不能宽容自己，自己的处境也不好过。所以要学会从别人的立场考虑一下，当别人犯错误时，自己应该怎样做。这样自己就会以己度人，用宽容的心态对待他人了。

宽容的心态不是天生就有的，是在生活中从别人身上看到并且不断学习形成的。孩子尝到了宽容给自己带来的好处，就会放开自己的心，去理解别人，宽恕别人，让自己成为一个宽宏大量的"宰相"。

爸爸在孩子成长的过程中要注重对孩子宽容心态的培养，让孩子走出自我、自私的狭隘世界，用一颗宽容的心去面对和接受自然、社会和他人给予自己的一切，感谢自然、社会、他人给予自己美好的东西，宽容他们带给自己的负面的东西。

1. 做一个宽容的爸爸

爸爸的形象在孩子心目中是高大完美的，爸爸的一言一行直接影响到孩子的成长。爸爸在家时不要经常抱怨这个同事那个领导，不要辱骂甚至乱发脾气，不然会给孩子留下心胸狭窄、事事必究的不良印象。

爸爸做事要宽容大度，不斤斤计较，要邻里和睦，同事之间融洽相处，朋友间相互体谅。在这样一个宽容的、光明磊落的好爸爸的影响下，孩子自然也能学会宽容大度。

2. 让孩子懂得宽恕别人的错误

宽容的表现之一就是原谅、宽恕别人对自己犯下的错。当然，要做到这点这需要长期的修炼，不是一朝一夕就能做到的。

熠熠和一个朋友约好周末去爬山，他一大早就起来到约定的地点等朋友，结果超过约定时间一小时那个朋友也没来。熠熠非常生气，嘴里骂着朋友不守信用，然后自己回家了，也没有去爬山。

回到家，爸爸看到熠熠气呼呼的模样问他怎么了，他说朋友失约了。爸爸说："也许朋友突然有事没来得及通知你，等见到他问问不就清楚了？不要让自己一整天都在生气中度过。"熠熠后来才知道，原来那个朋友的妈妈病了，他一晚上都在医院陪他妈妈，所以不能赴约并请熠熠原谅。

当别人有错误时，不要一味责怪别人，要先把事情弄清楚。即使别人有错，也要懂得原谅。

3. 让孩子学会替别人着想

让孩子学会替别人着想，也就是让孩子学会换位思考。站在对方的角度看问题，就会对他人的言行释然了。

韩凌是刚从别的学校转来的新同学，学习成绩很好，可就是不怎么和人说话，总是一副冰冷的面孔。云娜想放学后向他讨教几个数学问题，他却说自己没时间，放学后必须马上回家。云娜认为他很自私，这是不想教自己的借口罢了，所以很讨厌他。

一次云娜从老师那里得知，原来韩凌的爸爸和妈妈离婚了，他跟着妈妈过，但妈妈身患疾病，他不得不每天放学就回家照顾妈妈。云娜发现自己误解韩凌了。

爸爸要教会孩子多替别人着想，遇事不要总是想当然，很多事情只要能从别人的角度去看，误解自然就解除了。

4.让孩子和他人友好相处

让孩子和他人友好相处，不要把自己封闭在狭小的圈子里。孩子应该走出去，去接纳各式各样的人，这样他的视野就会被打开，心胸就会变宽广。

要想和别人友好相处，首先要学会宽容，如果没有一颗宽容的心，是很难交到朋友的。朋友多了也会相互开导，纯真的友谊会让孩子学会宽容。

5.教会孩子常说"没关系"

当别人做错了事对自己说"对不起"时，这是别人认识到了自己的错误，并且请求你原谅的表现。这时你应大度地说声"没关系"，大方地原谅对方。

爸爸要教会孩子，当别人说"对不起"时，要诚恳地向别人回敬一句"没关系"。这不仅能帮孩子维持良好的人际关系，久而久之，也会让孩子形成宽容的心态。

自卑的孩子需要爸爸的鼓励

　　周兰个子比班里其他同学矮很多，为此她很自卑，走路总是低着头，在课堂上也不主动发言。回答老师的提问时也是支支吾吾地说不出来，害怕说错了被同学笑话。如此恶性循环导致周兰的自卑情绪越来越严重。

　　爸爸觉得这样下去对周兰的生活和学习都会产生影响。于是在一次考试之后，爸爸故意告诉周兰，老师夸奖她最近进步挺大的，让她好好坚持，并且爸爸相信她会取得更好的成绩。

　　爸爸还让她学着欣赏自己，接纳自己，说个子小的女孩也有优点，看上去小巧玲珑，很可爱等等。周兰听了爸爸的话，顿时觉得有了信心。

　　生活中很多孩子都存在自卑的心理倾向，他们看不到自己的优点和长处，遇到困难和挫折时不能以良好的心态去面对，自然体会不到成功的喜悦。

　　孩子的自信不是天生的，而是在后天逐渐培养出来的。自信可以调动孩子的积极情绪，也会激发孩子的潜能，是孩子走向成功的资本。幼年时期树立起来的自信可以成为人一生的良好素质，对未来的发展起着重要的作用。

有的孩子之所以变得越来越自卑，一个非常重要的原因就是爸爸对孩子的要求过高。一旦孩子达不到爸爸的要求，就会受到爸爸的批评和指责。时间一长，孩子做事的时候，就会在潜意识中否定自己，从而变得自卑。

爸爸不要奢求孩子将每件事情都做得完美，应该鼓励孩子大胆去做，留意孩子在做这件事的过程中值得肯定的地方，并及时给予鼓励，增强孩子的自信心。

当孩子遭遇挫折时，爸爸必须帮助孩子树立自信，客观分析现实状况，找出失败的真正原因，认识自己的短处和不足，相信自己一定能改变。

爸爸要关注孩子的每一次进步，对于孩子的进步要热情地给予鼓励和肯定，多用欣赏的眼光看待孩子，让孩子在宽松的环境中享受成功带来的乐趣，以此来帮孩子驱散自卑心理。

1. 用发展的眼光赏识孩子

孩子的自我意识和自信心最初是从爸爸的评价中获得并逐步发展起来的，因此爸爸用发展的眼光赏识孩子是帮助孩子战胜自卑的重要方法。

爸爸要尊重孩子、赏识孩子，不要用尖刻的语言嘲讽挖苦孩子。当众讽刺贬低或故意揭孩子的短，夸大孩子的缺点，都会伤害到孩子的自尊心、自信心，使孩子变得自卑。

2. 用合理的期望增加孩子的自信

爸爸对孩子期望过高会打击孩子的自信心，期望过低又不足以激发孩子的潜能，爸爸要用适度的目标来培养孩子的自信心，让孩子摆脱自卑的困扰。

天天今年刚上一年级，虽然学习中会遇到困难，但他对学习充满了兴趣。可是爸爸最近对他的态度让他觉得学习是件很痛苦的事情，自己的学习越来越跟不上，刚上学时的自信心也消失殆尽。

爸爸告诉他每次考试成绩都要排在班里前三名。一天，老师布置了家庭作业，天天有个问题不会，拿着去问爸爸，爸爸却说："这么简单的问题，都上一年级了还不会，不觉得丢人吗？这样怎么考到前三名啊？别忘了我给你定的目标啊。"天天把眼泪咽到肚子里，从那之后，他的学习成绩就不断下降。

当孩子达不到爸爸过高的期望时，爸爸流露出的对孩子的失望情绪，会让孩子不自觉地对自己的能力产生怀疑，从而动摇自己的信心。爸爸为孩子制订一个通过努力可以达到的目标，并在这个过程中不断给孩子鼓励，孩子就会建立起充分的自信。

3. 让孩子多一些成功的体验

让孩子多一些成功的体验和培养孩子的自信心是相辅相成的。孩子有了自信就容易成功，有了成功的体验会更自信。对孩子来说，更重要的还是先体验到成功，才容易形成自信心。

在日常生活中，爸爸要有意识地让孩子做一些易于完成的事，使孩子有获得成功的机会，成功后再循序渐进地提出新的目标，使孩子经常能体验到成功的喜悦。即使孩子失败了，也要帮助他们分析原因，让他们再试一试，使他们知道通过努力是能够获得成功的。

4. 爸爸要少一些攀比，多一些鼓励

爸爸不要总是对孩子说"你瞧，人家小刚总是考全班第一名，你怎么就这么笨呢"等类似伤害孩子的话。如果爸爸常拿别人的长处和自己孩子的短处比，只能使孩子越比越自卑。

尺有所短，寸有所长。只要孩子有自己的目标，并且一直在不断努力，他就是个值得爸爸骄傲的孩子。当孩子遇到挫折或失败时，爸爸更应该像知心朋友一样鼓励孩子战胜困难，当孩子不自信的时候，就要给孩子多一些鼓励。

减轻孩子的心理压力

王强今年上初三了，学习成绩在班里不是特别好，尤其是英语成绩，老师经常提醒他如果不努力学习英语，就会考不上重点高中。为此，他感到压力很大。爸爸非但没有帮他减压，反而时刻提醒他成绩不好，要好好努力赶上去。

每次考试时，除了王强承受很大的压力外，他的爸爸也承受着很大的心理压力。看到爸爸比自己还紧张，王强的压力更大了。这种压力影响了他的心态，也就使他难以考出好成绩了。

现在的孩子面临来自家庭、学校和社会的多重压力。适当的压力是孩子前进的动力，对孩子的生活和学习都有很大帮助，但是如果压力过大，超出了孩子的心理承受能力，就会对孩子的健康成长造成负面影响。

望子成龙、望女成凤是每位爸爸的心愿，为了达成这个心愿，很多爸爸对孩子施加各种压力。其实每个孩子都有自己的压力。恰当的压力是进步的润滑剂，可以激发孩子的内在动力，但是过大的压力则会抑制孩子的潜力。

压力过大一般会使孩子出现抑郁、自卑、焦虑等不良的心态，还会导致其自身免疫力下降，生理机能下降，对孩子的身体健康产生一定的负面影响，也会降低孩子对周围环境的适应能力。

爸爸们有了压力会想办法自我排解，减轻压力。他们会从朋友那里寻求安慰和帮助，也可以通过自我调节来缓解压力。但是孩子的自我意识并不强，无法很好地掌握调节情绪的方法。这就需要爸爸给予指导和帮助。

爸爸要关注孩子的心理变化，多与孩子沟通，用爱去减轻孩子的心理压力，不断提高孩子的认知水平和抵抗压力的能力。如果孩子因为压力过大导致某些心理疾病，就要及时寻求心理医生的指导。

1. 爸爸要先学会为自己减压

爸爸都希望自己的孩子出人头地，这是很正常的心理，他们往往承受着比孩子还要大的压力。但是很多爸爸在孩子面前丝毫不掩饰自己的压力，而是把自己的压力传递给孩子，给孩子不良的心理暗示。这样不但起不到预想的教育效果，而且还会给孩子稚弱的心灵压上沉重的负担。

2. 让孩子学会用倾诉排解心理压力

现代社会，每个孩子都承受着来自各方面的压力，这些压力得不到有效的排解，就会对孩子的身心造成消极的影响。研究发现，孩子在向他人倾诉的过程中能够排除体内不健康的压抑物质，从而维持体内的物质平衡，消除压力。

袁芬今年上初三，还有半年就要参加中考了，但她的学习成绩并不是很理想。她总是觉得自己如果考不上理想的高中，会让爸爸妈妈和老师失望，所以一直闷闷不乐。一想到爸爸平日里对她的关怀和期望，心理上的负担更加沉重了。

爸爸感觉到了女儿的压力，就为她买了一本日记本，让女儿把自己的压力都写在上面，以疏导和缓解自己的压力。袁芬按照爸爸说的做了，压力果然得到了释放。

爸爸要重视引导孩子学会用倾诉来排解自己的压力以及由心理压力带来的恶劣情绪，不要自己憋着。如写日记，向朋友或父母倾诉，大声高喊，大声唱歌，哭等等。发泄一下，孩子心里就会舒服些，心理压力也会大大降低。

3. 耐心聆听孩子的感受

作为爸爸，看到孩子有压力的时候自己的心情也会很烦闷，但是聪明的爸爸不急于为孩子解决问题，而是耐心地听孩子讲述自己的压力，逐渐培养孩子自我释放压力的能力。

爸爸要对孩子讲述的事情表现出兴趣，用耐心和关爱认真平静地聆听孩子的心声。爸爸和孩子都心平气和，孩子就能完全释放压力了。

4. 让孩子学会转移心理压力

一个容易被压力打败的孩子不是优秀的孩子，能够成功的孩子无不具有勇敢面对压力的心态和巧妙转移压力的能力。有了压力，学会转移是个很好的解决办法，如学习累了，就放松一下自己的神经，把注意力转移到自己喜欢做的事情上去。

吴佳是班里的文艺委员，最近学校要举行歌咏比赛，她负责组织班里的同学参赛。她承受着很大的压力，怕自己表现不好，让同学和老师失望。

回家后吴佳吃不下饭，睡不好觉，爸爸看到她的表现，很担心。于是爸爸买了她最喜欢的歌手的专辑，让她转移一下自己的压力。吴佳觉得这招很管用，压力得到了释放。

孩子将注意力转移到自己的兴趣爱好上，能帮助自己暂时从压力中解脱出来，重新面对压力时，就不会再畏惧了。琴棋书画、体育活动等都是较好的解压良方，可以帮助孩子放松紧张、焦虑的心情。孩子也可以多进行体育运动，运动之后会感到全身心放松，这也是一种很好的减压方式。

帮孩子克服害羞心理

　　吕静是个聪明好学的女孩，但她最大的问题是"害羞"。她上课时几乎从不举手发言，也不喜欢参加学校的集体活动。平时说话的声音小得像蚊子，让人根本听不清她在说些什么；课间休息的时候也很少见她和同学一起"疯"，总是静静地坐在那里看课外书，或者干脆坐在那里发呆。有一天，在语文课上，老师点名让她朗读课文，她犹豫半天才站起来，而且满脸涨得通红，半天也没有念出一个字来。平常读得很熟的课文，现在怎么也念不出一个字。老师看着面红耳赤的吕静，无奈地摆摆手，让她坐下。坐在位子上的吕静终于松了口气，可是想到刚才的情形，眼泪一下子涌了出来，那篇课文自己在家念得十分熟练，为什么刚才却一个字也念不出呢？吕静的内心充满了苦恼。

　　像吕静一样，很多孩子都有害羞的特点。多数孩子"有点害羞"并不妨碍他们的发展和生活。一般来说，随着孩子对人、环境的熟悉，害羞的感觉会有所消退。如果没有其他的问题出现，害羞的孩子也不太会产生危险的心理和行为问题。因此，对于那些程度不是特别严重，只在较短一段时间内存在的"害羞"行为，爸爸没有必要过于担忧。如果孩子的"害羞"相当严重，而且不是只在某些特殊情境，也不是只在一段较短的时期内出现，而是长期存在，那么就有一定的危害性了。

孩子"害羞"应该引起关注，爸爸帮助害羞的孩子建立自信自尊是关键的一步。

第一，有意"忽视"孩子。不要经常提示或挑剔正在做事的孩子，以免加重孩子的害羞和畏缩情绪，要让孩子在完全放松的情境中做事。

第二，帮助孩子显示自己的才干。害羞缘于对失败的害怕，而"拿手戏"容易产生成功的体验，特殊的才能可以增强孩子的自信。爸爸可以根据孩子的兴趣爱好为孩子培养一些特长，同时给孩子提供一些展示特长的机会。

第三，现身说法。爸爸要让孩子确信，很多人在新的情境下都会对自己的行为没有把握。

害羞的人总是认为：在一些场合，他是唯一心跳加快的人，或者除了自己以外，其余所有人都知道如何与陌生人交往。如果害羞的孩子知道每个人都有害羞的时候，就能感到宽慰一些。如果爸爸能够"现身说法"，能向孩子示范他是如何消除自己的紧张和羞怯的，孩子的收获就会更多。

第四，培养孩子的社交技能。与其他孩子不同，害羞孩子的社交问题不在于"维持友谊"，而在于"发起友谊"。他们往往是在面对新人或者新环境时，不能或者不愿意跨出第一步。

因此，可以教给他们一些"开始"交往的技巧。如，训练孩子在见到熟人时，能第一个微笑并问候"你好"；教会孩子一些"开场白"（"我可以和你们一起玩吗"）等等。

害羞的人在与他人交往时，总是专注于自我，心中不停地考虑自己会给别人留下什么印象，别人会怎么看他，他们会完全沉浸在自己的不舒适的感觉里。这就要训练害羞的孩子在与人交谈时，学会倾听别人的说话，观察别人的表情，体会别人的情感体验，等等。总之，要让孩子在交往过程中将注意的焦点从"自我"转移到"他人"，或者是"事情"身上。

在人际交往中，消除紧张情绪也是很重要的，通过改变人的身体动作，可以改变人的感受。

第五，爸爸要给孩子提供交往的机会。多开展"家庭社交"活动，趁机邀请孩子的朋友、同学参与其中，让家庭成为孩子的社交场所。可以采用"结对子"的方式，鼓励几个同学组成一个小组，经常邀请害羞的孩子参加活动。但在孩子没有准备的情况下，不宜强迫孩子，否则只会加重孩子的害羞与畏缩心理。

让孩子释放心中的紧张

听张杨的父亲说，张杨学笛子已经有一年多的时间了，会吹不少曲子，而且吹得还挺不错。班主任张老师想：如果元旦晚会上安排他表演一个节目，活跃现场气氛，效果一定不错。但张老师在决定前，还是要先问问张杨愿不愿意。于是张老师便让同学把张杨叫到他办公室里来。

"报告。"一个低低的声音传来，张老师一看，正是张杨。

"进来吧，张杨。"只见张杨涨红了脸，怯生生地走到张老师的办公桌前。

"听说你的笛子吹得很好，能不能在元旦晚会上表演一下？我们都很想听听。"张老师和蔼地对张杨说。

张杨一听，立刻满脸通红。两只手交叉着，不停地动来动去，也不敢抬头看老师一眼，慌里慌张地说："张老师，我会吹的曲子不多，我不敢当众表演，我不想……"

"不用怕，就吹一首你最拿手的曲子，让同学们也替你高兴高兴，同时为班级争一份荣誉。你看，这多好呀！回去把这个好消息带给你的家人好吗？"张老师拍拍他的头，以示鼓励。

"我还是不表演了，我害怕。"张杨紧张得头上都冒汗了。

"怕什么呀？到时老师和你爸爸妈妈都会帮你的，回去好好练练吧。老师相信你一定会成功！"

元旦越来越近了，张杨的父亲告诉张老师，张杨这几天表现得非常紧张，夜里做梦都说不敢上台表演，不过他练得可认真了，一曲《欢乐颂》吹了得有几十遍，已经非常熟悉了，看来元旦庆祝晚会上的表演应该不会有问题。

转眼间，元旦晚会开始了。

"下一个节目，请三年级一班的张杨同学表演笛子独奏《欢乐颂》，大家欢迎！"

报幕员的话音刚落，坐在父亲身边的张杨一把抓住父亲的手，嘴里直嚷嚷："我不上了，我害怕。"张老师和父亲都赶紧安慰他："不用怕，一年级小朋友都敢独自上台表演吹口琴，你肯定比他们表演得好。"

总算把他劝上了台，只见他晃晃悠悠地走上台，原来吹得很熟练的曲子还是被紧张给吓跑调了，还连错了两处。不过台下的小观众还是报以热烈的掌声。可是，下了台的张杨却低声地哭了。

张杨的故事，不由得让我们想起那首歌："我想唱歌可不敢唱，小声哼哼，还得东张西望。"出现这种状态，主要就是由于心理过度紧张造成的。

心理学认为，如果一个人的情绪过于紧张，就会使本来敏捷的思维变得迟钝，甚至会出现严重的混乱，从而大大削弱对问题判断、分析、处理的能力。与此同时，还会使注意力的集中和转移发生困难，出现不该出现的错误。也就是说，紧张会影响我们的临场发挥。

我们经常会见到这样一些孩子，像上述的张杨一样，本来已经很熟悉某件事了，但就是由于过度紧张，结果影响了正常的处理能力和水平发挥。

那么，孩子总是感到紧张，爸爸该怎样帮助他们呢？

1. 别吝惜你关爱的目光

心理紧张的孩子，在学校里大多都惧怕老师，不敢和老师正面接触，当然更怕做错事遭到老师的批评。于是他们常常选择沉默和逃避，不愿意跟老师进行交流，也就更谈不上师生交往融洽了。

爸爸要多鼓励孩子，多给予孩子一些关爱和鼓舞的眼神，从而减轻其自身压力，帮助他从紧张的情绪中解脱出来。

2. 让孩子多参加几个"第一次"

任何人第一次做某件事，都可能会感到紧张和不安，甚至包括那些在镜头前表演自如的演员，也会有紧张的时候，这是很自然的事。而孩子的承受能力比较差，在第一次做某件事的时候，更容易感到紧张和焦躁。因此，爸爸应该鼓励孩子，告诉他不必为自己在第一次做一件事时产生紧张情绪而感到羞愧，而应该勇敢地面对它，并设法克服它，教会孩子放松些，勇敢地面对困难，没有什么事是值得那么紧张的。

3. 教孩子一些克服紧张的方法

孩子遇事紧张时，做爸爸的也同样会陪他一起紧张，比如看到孩子在台上演出，紧张得连话都说不清楚时，你在台下也一定很着急。

怎么办呢？除了以上介绍的几种帮助孩子消除紧张的方法外，爸爸们还可以教孩子一些消除紧张情绪的小窍门，让孩子慢慢放松下来。

(1) 注意力转移法

当孩子遇到难题解不出来时，爸爸不妨告诉孩子先把它放一放，先不去想，休息一会儿再想或放到第二天再想。又如，孩子准备上台演出时，紧张得手足无措。这时，爸爸可以引导孩子谈论或做一些别的不相干的事，使孩子不再将注意力放在演出上，紧张情绪自然就克服掉了。

(2) 深呼吸

当孩子遇事感到紧张时，爸爸可以和孩子一起做几次深呼吸，让情绪慢慢放松下来，缓解紧张情绪。

(3) 参加体育锻炼和户外活动

体育锻炼或户外活动可以加速血液循环，减轻心理压力，驱散紧张的情绪。不少孩子经常参加踢球、骑车、游泳等活动，这些活动不仅能消除孩子紧张焦躁的情绪，还锻炼了孩子在遇到突发事件时保持镇静的能力。

(4) 听音乐

在紧张的时候，听听舒缓轻松的音乐，可以让情绪放松下来。

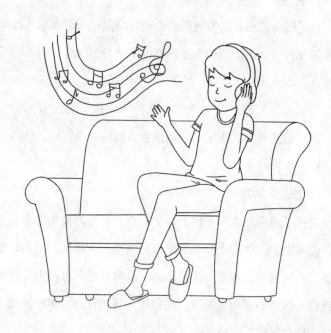

孩子需要鼓励，父母的夸奖和鼓励能坚定孩子的信心。

对内向的孩子，爸爸要鼓励她多和朋友交往，可以给她推荐几本能提升交际能力的书籍。

爸爸要让孩子明白，对别人无意中犯下的错误，明智的做法就是宽容、原谅别人。

好爸爸日常家教演练

1. 你关注过孩子身上有哪些优点吗？你会针对这些优点进行表扬和鼓励吗？

   _____

   _____

2. 你了解孩子的个性特点吗？请试着列举出 3 项孩子身上最有特点的表现。

   _____

   _____

3. 如果你的孩子性格内向，不爱表达，你会采取哪些方法进行改善？

   _____

   _____

4. 当孩子与朋友发生矛盾时，你会引导孩子学会宽容待人吗？

   _____

   _____

5. 你对孩子的期望是否超过了他的承受能力？你平时是如何向孩子表达你对他的期望的？

   _____

   _____

   _____

184